지혜의 보물 창고,

도서관의 역사

두루마리부터 가상현실까지 도서관 이야기

지혜의 보물 창고,
도서관의 역사

모린 사와 지음 | **빌 슬래빈** 그림 | **빈빈책방 편집부** 옮김

빈빈
册방

도서관 역사에서 미래를 담아낸 책

　우리는 모두 호모 사피엔스, 즉 슬기로운 사람들입니다. 인류의 역사는 이 세상의 시간에 비하면 아주 짧은 시간, 겨우 35만 년밖에 되지 않았지만 오늘날 지구에서 가장 뛰어난 문명을 이룩했습니다. 어떻게 그럴 수 있었을까요? 바로 개인이 발견한 지식과 정보를 문자로 기록해 다른 사람들과 공유함으로써 획기적이고 더 나은 지식과 정보를 발견하고 창조해내는 능력을 갖추었기 때문일 것입니다. 인류는 지식과 정보는 물론이고 자신의 생각과 상상을 기록하고 보존하는 과정에서 책이라는 아주 효과적인 매개체를 발명했습니다. 특히 금속활자와 인쇄술을 발명해 대량으로 책을 만들어 누구나 읽을 수 있게 함으로써 인류의 지적인 역량은 획기적으로 발전할 수 있었습니다. 사람들은 책을 모아서 도서관을 만들고 누구나 자유롭게 이용할 수 있게 해 어느 누구라도 책으로 새로운 세상을 꿈꿀 수 있게 해 주었습니다. 이렇게 도서관은 수 천, 수 만 년 동안 늘 인류 역사 발전과 함께 해 왔습니다. 우리가 도서관의 역사를 배운다면 그것은 단지 도서관 뿐 아니라 책과 도서관을 통해 발전해 온 인류의 역사도 함께 살필 수 있기 때문일 것입니다.

또 다른 관점에서 도서관 역사를 흥미롭게 써 내려간 책이 새롭게 출간된 것은 참 기쁜 일입니다.《지혜의 보물 창고, 도서관의 역사》는 오랜 도서관 역사 가운데서 집중해야 할 내용을 잘 뽑아 읽기 좋게 정리했을 뿐아니라, 미래에 도서관이 어떻게 발전해 나갈 것인지에 대해서도 두루 풀어내고 있어 앞으로의 세상까지도 상상해 보게 합니다. 책을 읽으니 더 많은 이야기를 찾아보고자 하는 욕심이 펄펄 살아납니다. 또 다른 책과 이야기를 찾아 읽고 싶게 만드는 책이 좋은 책이라면, 이 책은 꼭 읽어볼 가치가 있는 책입니다.

책을 읽은 후에는 책을 읽으며 배우고 생각한 것을 일상에서 실천해 보면 좋을 것입니다. 우리나라에도 도서관이 적지 않습니다. 일상 가까운 곳 어딘가에 공공도서관이나 학교도서관이 꼭 있을 것입니다. 도서관들은 문을 활짝 열고 여러분을 기다리고 있습니다. 이 책을 통해 도서관의 역사는 물론이고, 도서관에 나와 우리의 미래가 담겨 있다는 것을 알게 된 독자 여러분이 가까운 도서관을 찾아 잘 이용해 주시길 기대합니다. 그렇게 해서 우리나라 도서관 문화를 알차게 만들어 간다면 우리는 더 나은 미래를 향해 나아갈 것입니다. 이 책이 그런 발전으로 떠나는 즐거운 여정의 시발점이자 동반자가 될 것이라 믿습니다.

이용훈(도서관문화비평가, 한국도서관사연구회 운영위원)

5천 년이 넘는 오랜 시간 동안 인간은 자신들을 둘러싼 세상에 관해 기록해 왔습니다. 축축한 진흙을 눌러 찍어서 표시를 남기기도 했고, 돌을 깎아 문자를 새기기도 했고, 키보드를 눌러 컴퓨터에 입력하기도 했습니다. 이렇게 사람들의 반짝이는 아이디어와 일상생활에 관한 기록이 영구적으로 남을 수 있었습니다. 또한 인간은 그 기록을 다른 사람들이 쉽게 활용할 수 있도록 체계적으로 정리하고, 미래 세대에 남겨 주기 위해서 보전하는 다양한 방법을 생각해 냈습니다. 이것이 바로 도서관이 생겨난 배경입니다.

　얼핏 보기에 고대의 점토판과 석판들로 이루어진 어수선한 수집품 더미와 오늘날의 세련된 최첨단 도서관 사이에는 그다지 많은 공통점이 있는 것 같지 않습니다. 하지만 분명한 점은 수천 년의 세월을 사이에 둔, 서로 다른 시대의 도서관들은 겉모습이 다르더라도 공통의 목표로 서로 연결되어 있다는 것입니다. 그것은 바로 미래로 나아가는 사람들에게 한때 인류가 머물렀던 시대에 관한 정보를 제공해 주는 곳이라는 점입니다. 도

서관은 현재를 살고 있는 우리와 과거를 살았던 조상들, 미래에 이곳에서 살게 될 후손들을 연결해 주는 곳입니다. 도서관은 생각이 날개를 달고 날아오르는 곳입니다.

이 책은 문자의 탄생과 종이의 발명에서부터 인쇄기의 출현에 이르는 문명 세계의 위대한 업적과 도서관이 얼마나 긴밀하게 얽혀 있는지를 알려줍니다. 이 책을 통해 도서관이라는 공간 자체가 그 안에 소장되어 있는 책들만큼이나 흥미롭고 매력적인 이야기를 품고 있다는 사실을 알게 될 것입니다.

그럼, 지금부터 도서관으로의 시간 여행을 떠나 볼까요?

· 차례 ·

4장 새로운 세상으로

5장 미래의 도서관 여행

1장

도서관 역사의 시작

알렉산드로스 대왕,
알렉산드리아 도서관

고대 그리스에 마케도니아라는 도시국가가 있었다. 당시 그리스는 도시들이 하나의 나라를 이루고 있었는데, 이를 도시국가라고 한다. 마케도니아의 위대한 왕인 필리포스 2세(기원전 382~기원전 359)는 왕위를 이어받을 어린 아들을 교육시키기 위해 철학자인 아리스토텔레스를 가정교사로 임명했다. 이후 알렉산드로스 대왕(기원전 356~기원전 323)으로 불리게 되는 이 어린 왕자는 3년 동안 아리스토텔레스에게 수학에서 음악에 이르기까지 많은 지식을 배웠다. 알렉산드로스 왕자는 스승인 아리스토텔레스의 가르침을 받고 평생 동안 철학과 정치학에 깊은 관심을 가졌으며, 위대한 전사와 지도자가 되기 위해서는 건강한 신체 못지않게 건강한 정신 역시 중요하다고 생각했다.

아리스토텔레스

플라톤, 소크라테스와 함께 그리스 3대 철학자로 꼽힌다. 아리스토텔레스는 기원전 342년부터 기원전 340년까지 알렉산드로스 왕자를 가르쳤다.

알렉산드로스는 아리스토텔레스의 수업 중에서도 문학 수업이 가장 흥미로웠다. 문학 수업에서는 주로 고대 그리스 영웅들의 이야기를 다루었다. 어린 알렉산드로스 왕자는 영웅들의 모험 이야기를 듣고 큰 감동을 받아서, 언젠가는 먼 곳으로 자신만의 모험을 떠나겠다는 꿈을 가졌다. 알렉산드로스는 영웅의 모험담을 얼마나 좋아했던지 위대한 그리스의 영웅 아킬레우스와 트로이 전쟁 이야기를 다룬 호메로스의 서사시 《일리아스》라는 책을 죽을 때까지 항상 품에 지니고 다녔다고 한다. 전쟁터에서도 항상 베개 아래에 두고 잘 정도였다.

알렉산드로스 대왕은 지혜와 모험을 추구하며 세상 곳곳을 돌아다녔고, 결국에는 지중해에서 인도에 이르는 드넓은 땅을 정복했다. 알렉산드로스 대왕은 열병과 과로로 인해 서른세 살의 젊은 나이에 죽음을 맞이했다. 그는 죽는 마지막 순간까지도 손에서 책을 놓지 않았다. 그만큼 그는 대단한 독서가였다. 독서는 알렉산드로스 대왕이 살면서 누린 몇 가지 즐거움 중의 하나였다.

알렉산드로스 대왕의 책에 대한 지극한 사랑에 감명을 받은 그의 후계자들은 그를 기념하는 도서관을 지어서 알렉산드로스에게 바치기로 했다. 도서관은 알렉산드로스 대왕이 이집트를 정복한 후 자신의 이름을 따서 알렉산드리아라고 이름 지은 이집트의 도시에 지어졌다. 이 도서관이 바로 그 유명한 알렉

▲ 폼페이에서 발견된 모자이크의 알렉산드로스 대왕

알렉산드리아 등대

알렉산드리아는 등대로도 매우 유명한 도시였다. 고대 7대 불가사의 중 하나인 '알렉산드리아의 등대'는 기원전 280년경에 세워졌다. 1300년대에 지진으로 파괴되기까지 무려 1500년이라는 오랜 시간 동안 알렉산드리아의 항구에 서서, 배들이 암초에 부딪히지 않고 안전하게 항해할 수 있도록 뱃길을 비추어 주었다.

▲ 알렉산드리아 등대 상상화(1909)

산드리아 도서관이다.

알렉산드리아는 이집트에 있었지만 그리스 마케도니아에 정복되어 그리스 문화와 학문의 중심지로 발전했다. 그래서 알렉산드리아 도서관이 소장한 유명한 두루마리들은 대부분 그리스어로 쓰인 것이었다.

종이의 발달과 전파

고대인들에게는 글자를 적을 수 있는 종이가 없었다. 종이는 지금으로부터 약 2천 년 전에 중국에서 발명되었다. 사람들은 종이가 발명되기 전에 점토판이나 돌, 가죽, 나무껍질, 비단 등 다양한 물건에 글자를 기록했다.

알렉산드리아 도서관에 보관되어 있던 두루마리들은 모두 파피루스로 만들어진 것이었다. 종이를 영어로 페이퍼(paper)라고 하는데, 이는 파피루스(papyrus)에서 나온 말이다. 파피루스는 나일 강변에서 자라는 식물이다. 이집트 장인들은 파피루스의 줄기를 길고 가느다랗게 찢은 다음 그것을 짓이겨 얇고 편평한 판으로 만들었다. 이것을 말아서 실로 묶은 것이 파피루스 두루마리다.

하지만 파피루스는 매우 약하고 부서지기 쉬워서 금방 망가졌기 때문에 얼마 지나지 않아 양피지가 파피루스의 역할을 대신하게 되었다. 동물의 가죽으로 만든 양피지는 파피루스보다 글자도 훨씬 잘 써졌고, 오래 보관하기에도 편했다. 하지만 양피지는 파피루스처럼 잘 감아올려지지 않아서 두루마리로 만들기는 어려웠다. 도서관 사서들은 양피지를 쉽게 보관하기 위해 반으로 접은 후 접은 부분을 따라 실로 꿰매기 시작했다. 이것이 바로 오늘날 책의 최초의 형태라고 할 수 있다.

종이는 중국에서 만들어져서 700년대에 중국 상인들에 의해 중국 밖으로 전파되었다고 한다. 현재의 우즈베키스탄 사마르칸트 근처에서 아람인들에게 포로로 붙잡혔던 중국의 종이 기술자들이 어쩔 수 없이 종이 만드는 법을 전해 주었다고 한다. 종이 제조 기술은 1000년 경 아랍인들에 의해 유럽으로 전해졌지만, 유럽인들은 그 후로도 수세기 동안 종이보다 양피지에 글을 쓰는 것을 더 좋아했다고 한다. 유럽에서는 1400년대에 인쇄기가 소개된 후에야 종이가 널리 사용되기 시작했다.

가장 유명한 고대 도서관, 알렉산드리아 도서관

알렉산드리아 도서관은 최초로 지어진 도서관은 아니지만 가장 잘 알려진 고대 도서관이다. 고대 이집트에서는 문자가 생기면서부터 기록을 보관하기 시작했다. 기원전 2600년경에는 쿠푸 왕이 '문서의 집'을 지었다는 증거가 발견되었다. 또한 기원전 1300년경에는 람세스 2세가 테베 궁전에 2만 개의 두루마리를 보관한 도서관을 가지고 있었다고 전해진다. 그 외에도 많은 도서관이 알렉산드리아 도서관 이전에 있었다고 전해진다.

이집트를 다스렸던 왕들은 알렉산드리아 도서관을 중요하게 여겨 그곳을 방대한 양의 책과 수집품으로 채우고 싶어 했다. 그들은 그리스의 아테네를 비롯한 여러 대도시에서 두루마리를 빌려왔다. 그리고 빌려온 두루마리를 똑같이 베껴 쓰게 하여 만든 필사본을 알렉산드리아 도서관에 보관했다.

심지어는 알렉산드리아 항구에 머무르던 외국의 배를 모조리 잡아 두고 배 안을 샅샅이 뒤져서 두루마리를 발견하면 빼앗아 와서 필사본을 만들기도 했다. 빼앗겼던 두루마리를 돌려받은 주인들은 원본이 아닌 오자 투성이인 복사본을 돌려받아서 분노하기도 했다. 이집트인들은 이런 식으로 짧은 기간 내에 고대에 가장 중요한 의미를 갖는 최고의 도서관을 가질 수 있었다. 당시 알렉산드리아 도서관은 총 40만 개가 넘는, 그 당시 존재한다고 알려진 모든 두루마리를 소장하고 있었다고 한다.

고대 학자들의 연구소, 알렉산드리아 도서관

알렉산드리아 도서관이 단순히 두루마리를 많이 보관하고 있었기 때문에 유명해진 것은 아니다. 당시 수많은 학자들이 연구를 위해 알렉산드리아 도서관을 찾았다. 과학자들은 알렉산드리아 도서관에서 지구의 둘레를 측정하고, 최초로 인간의 몸을 묘사하는 등의 다양한 연구를 진행했다. 그들은 알렉산드리아 도서관에서 수천 개의 두루마리를 펼쳤다 감았다 하면서 인간의 지식을 다양한 분야에 걸쳐 발전시켰다.

지금으로부터 2300여 년 전, 고대 그리스에 아리스타르코스라는 천문학자가 있었다. 다른 학자들과 마찬가지로 알렉산드리아 도서관에서 연구를 했던 그는 그곳에서 태양이 우주의 중심이라고 주장하는 지동설을 최초로 정리해서 발표했다. 지동설을 주장한 것으로 잘 알려진 유럽의 코페르니쿠스보다 1800년이나 빨랐다. 당시 알렉산드리아 도서관에서 연구했던 과학자들의 실력이 얼마나 뛰어났는지 알 수 있다.

지혜의 보물 창고, 도서관의 역사

알렉산드리아의 여신 히파티아

현대의 도서관과 달리 알렉산드리아 도서관
은 아이들이 즐겨 찾는 장소는 아니었다. 하
지만 알렉산드리아 도서관의 복도를 거닐면
서 수많은 책을 읽으며 시간을 보내던 소녀가
있었는데, 바로 히파티아(370?~415)다. 히파티아
는 도서관이 있던 건물인 알렉산드리아 박물
관의 관장이었던 테온의 딸이었다.

▲ 히파티아의 초상(1908)

　히파티아는 알렉산드리아의 천문학자이
며 수학자였던 아버지에게 많은 영향을 받았
다. 그녀는 자연스럽게 아버지를 따라 유능한 천문학자이자 수학자가 되
었고, 편집자로서도 능력을 발휘했다. 히파티아는 학생들이 보다 쉽게 이
해하고 공부할 수 있도록 어려운 책들을 풀어쓰고, 복잡한 이론을 설명
하는 책도 여러 권 썼다. 학생들은 그런 그녀를 동경하고 존경했다. 하지
만 당시 기독교를 믿는 사람들은 히파티아의 생각과 행동이 기독교와 맞
지 않는다고 생각했다. 또한 히파티아가 하는 일은 여자가 할 일이 아니
라고 생각했다. 결국 히파티아는 분노한 기독교인들에게 공격을 받아 살
해당하고 말았다. 히파티아의 죽음을 계기로 알렉산드리아에는 종교와
정치로 인한 갈등이 생기기 시작했다. 더불어 학문의 중심지였던 알렉산
드리아는 그녀의 죽음 이후 서서히 내리막길에 들어서게 되었다.

　오늘날 히파티아는 최초의 여성 천문학자이자 수세기에 걸쳐 수많은
사서와 학자에게 영감을 준 인물로 기억되고 있다. 평생에 걸쳐 우주의

비밀을 밝혀내려고 노력한 히파티아를 기리기 위해서 히파티아의 이름을 따서 붙인 두 개의 달 분화구도 있다.

함무라비 왕이 세운
바빌로니아 보르시파 도서관

▲ 함무라비 법전 (루브르 박물관)

고대의 도서관이 알렉산드리아에만 있었던 것은 아니다. 많은 고대 도시에 도서관이 있었다. 현재 이라크에 있었던 고대 왕국 바빌로니아에도 도서관이 있었다. 기원전 1700년, 바빌로니아의 왕인 함무라비는 보르시파라는 도서관을 세웠다. 이 도서관에는 점토와 돌로 만든 판으로 된 고대의 자료들이 많이 보관되어 있었다고 한다. 그중에서도 가장 유명한 소장품은 함무라비 법전이다.

함무라비 법전은 오랫동안 인류 최초의 법전으로 여겨졌다. 커다란 돌기둥에 새겨져 있는 이 법전은 사람들이 잘

인류 최초의 도서관

인류 최초의 도서관은 메소포타미아 지역에 거주
하던 고대 수메르인이 세웠다. 메소포타미아는
현재의 이라크와 시리아, 터키 세 나라를 아우
르는 광활한 지역을 가리킨다. 수메르인들은 지
금으로부터 약 5천 년 전에 설형문자라고 불리
는 문자를 발명했다. 설형문자는 쐐기풀 모양을
닮아 쐐기문자라고도 한다. 각 기호는 단어의 음절을 표시
했다. 그들은 축축하게 젖은 점토로 직사각형 모양의 납작한 판을 만들
어서 거기에 설형문자를 새겨 넣었다. 그런 다음 설형문자가 새겨진 점
토판이 딱딱하게 굳을 때까지 불에 굽거나 햇볕에 말렸다.

　이렇게 만든 점토판이 점점 더 많이 쌓이게 되자 수메르인들은 기원
전 2700년경부터 점토판을 체계적으로 분류하고 보관하기 시작했다. 점
토판들은 대부분 상업이나 법률에 관한 내용을 담고 있었는데, 이는 일
상생활에 관한 기록이나 다름없었다. 수메르인들은 이 점토판이 먼 미래
에도 적절히 활용될 수 있도록 점토판을 따로 보관할 수 있는 공간을 마
련했다. 이 공간이 바로 인류 최초의 도서관이다. 수메르인들이 자신들의
삶을 기록한 점토판을 얼마나 조심스럽게 다루고 보존했던지, 그중 수십
만 개나 오늘날까지도 그대로 남아있다. 이 점토판에 새겨진 기록을 통
해 학자들은 인류 최초의 문명을 이루었던 수메르인들의 삶에 관한 값진
정보를 얻을 수 있었다.

우르남무 법전 ————

수메르 우르 3왕조의 우르남무 왕이
제정한 법전으로 지금까지 알려진 인
류 최초의 법전이다. 함무라비 법전보
다 약 300년 전에 만들어졌다.

▲ 우르남무 법전

볼 수 있는 곳에 세워져 있었을 것이라 추
측된다. 함무라비 법전에는 바빌로니아
사람들이 지켜야 하는 법과 법을 지키지
않았을 때 받게 되는 벌이 적혀 있다. 예를
들어 빚 독촉, 도둑질, 마술, 죄가 없는 사
람을 고발했을 때 이렇게 처벌할 것인지
와 같은, 생활과 관련된 법을 상세히 설명
해 놓았다.

함무라비 법전은 딱딱한 돌에 새겨진
덕분에 수십 세기가 지난 오늘날까지 전
해질 수 있었다. 함무라비 법전은 오늘날의 학자들에게 바빌로니아 사람
들의 생활이나 사회에 관한 매우 귀중한 정보를 알려 주고 있다. 현재는
프랑스 파리의 루브르 박물관에 소장되어 있다.

고대 그리스의
아리스토텔레스 도서관

고대 그리스에 존재했던 가장 유명한 도서관 중 하나는 알렉산드로스
대왕을 가르친 철학자 아리스토텔레스의 도서관이다. 이 도서관은 아리스

토텔레스의 철학 학교 안에 있어서 모든 학생들이 자유롭게 드나들며 이용할 수 있었을 것이라고 추측한다. 도서관의 규모도 상당히 컸다. 아리스토텔레스가 죽고 나서도 사람들은 이 도서관이 얼마나 중요한지, 도서관에 얼마나 많은 분야의 책이 있는지에 관해서 계속 글을 썼다고 한다.

아리스토텔레스를 가리켜 '최초로 책들을 한곳에 모은 사람이며, 최초로 이집트의 왕들에게 도서관 정리 방법을 가르친 사람'이라고 표현한 작가도 있다. 실제로 아리스토텔레스는 자신이 수집한 수많은 파피루스 두루마리를 분류하고 정리하기 위한 특별한 방법을 고안해 냈다. 두루마리에는 오늘날의 책과는 달리 책 제목과 저자의 이름을 쉽게 알아볼 수 있는 책등이 없었다. 책등이 있으면 책장에 꽂혀 있는 책 중에서 원하는 책을 쉽게 찾을 수 있지만, 고대 사람들은 두루마리 더미에서 원하는 두루마리를 찾는 일이 쉽지 않았다. 그런데 아리스토텔레스가 고안한 정리 방법 덕분에 그와 그의 학생들은 언제나 자신이 찾고자 하는 두루마리를 쉽게 찾을 수 있었다고 한다.

고대 중국의 도서관과
진시황제의 분서갱유

중국은 기원전 550년이라는 비교적 이른 시기에 도서관을 세웠다. 하

유레카! 유레카!

아르키메데스는 고대 그리스의 위대한 수학자이자 물리학자로, '아르키메데스의 원리'라고 불리는 부력의 원리를 밝혀낸 인물로 잘 알려져 있다. 그는 당시 다른 수많은 학자들처럼 이집트 알렉산드리아에서 학문 연구를 했다.

어느 날 그리스의 왕 히에론이 아르키메데스에게 최근에 새로 맞춘 금관이 금세공사의 주장처럼 정말 순금으로 만든 것인지, 아니면 값싼 은을 섞었는지 밝혀 달라고 요청했다. 문제를 해결할 방법을 고민하다가 공중목욕탕에 간 아르키메데스는, 욕조 속에 몸을 담그자 욕조 밖으로 물이 흘러넘치는 것을 보고는 무릎을 탁 쳤다. 물속에 물체를 넣었을 때 흘러 넘친 물의 양을 재는 방법으로 물체의 부피를 구할 수 있다는 사실을 깨달은 것이다.

아르키메데스는 물이 담긴 그릇에 왕관을 넣어서 흘러넘친 물의 양을 측정했다. 그리고 왕관과 같은 무게의 순금을 넣어서 흘러넘친 물의 양을 쟀다. 만약 왕관이 순금으로 만들어졌다면 왕관과 순금을 물속에 넣었을 때 흘러넘친 물의 양이 동일할 것이다. 하지만 만약 왕관에 은이 섞였다면 흘러넘치는 물의 양이 더 많을 것이다. 왜냐하면 같은 무게일 경우 은이 금보다 부피가 더 크기 때문이다. 아르키메데스의 이 놀라운 발견으로 결국 금세공사가 거짓말을 했다는 것이 드러났다.

전해오는 이야기에 따르면 갑작스러운 깨달음에 흥분한 아르키메데스는 목욕탕을 뛰쳐나가 자신의 고향인 이탈리아 시칠리아 섬의 시러큐스 거리를 벌거벗은 채로 뛰어다니며 "유레카!"를 외쳤다고 한다. 유레카

지혜의 보물 창고, 도서관의 역사

는 '내가 알아냈다'라는 뜻이다.

지만 안타깝게도 고대 중국의 많은 책이 진시황제의 통치 기간인 기원전 200년대에 파괴되고 말았다.

　진시황제는 중국 역사상 최초의 통일국가인 진나라(기원전 221~기원전 206)를 세웠으며, 만리장성을 건설하기 시작한 왕으로도 잘 알려져 있다. 진시황제는 왕위에 오른 후 강력한 왕권을 유지하기 위해 노력했다. 그런데 진시황제의 정책에 반대하는 신하들이 있었다. 진시황제는 이를 매우 못마땅하게 여겼고, 사사건건 자신의 정치를 비판하는 선비들을 없애야 자신이 정치를 마음껏 펼칠 수 있다고 생각했다. 그리고 선비들을 없애기에 앞서 그들이 소중히 여기는 책을 몽땅 불태워 버리기로 마음먹었다.

진시황제는 자신이 권력을 잡기 이전에 만들어진 역사책과 철학책, 문학책을 한 권도 남김없이 모두 불태워 버렸다. 소설에나 나올 이야기지만 실제로 일어난 일이다. 이를 분서갱유라고 한다. '분(焚)'은 태우다, '서(書)'는 책이나 글, '갱(坑)'은 묻다, '유(儒)'는 선비라는 뜻이다. 진시황제는 자신을 비판하는 선비를 땅에 묻어 죽이고, 그들이 주로 보는 책을 불에 태웠다. 이렇게 함으로써 진시황제는 과거를 모두 지워버리고 자신이 왕권을 잡은 첫 해를 기점으로 새로운 역사를 기록하겠다고 생각했다. 진시황제는 다른 모든 통치자처럼 권력을 오래 유지하기 위해서는 자신에

지혜의 보물 창고, 도서관의 역사

게 반대하는 내용의 학문과 사람들을 통제해야 한다고 생각했던 것이다.

사해 두루마리(사해 문서)

20세기 중반, 요르단과 이스라엘 국경에 위치한 사해의 해안가 동굴에서 가죽으로 만든 수백 개의 두루마리가 발견되었다. 이 두루마리들은 중동의 사막 지역에서 유목 생활을 하는 아랍의 유목민인 베두인족의 염소지기 소년들이 잃어버린 염소를 찾으려고 동굴 속을 뒤지다가 발견한 것이다. 기원전 150년경의 것으로 여겨지는 이 가죽 두루마리들은 사해 두루마리라고 불리게 되었으며, 성경의 구약성서 내용을 기록한 가장 오래된 필사본으로 밝혀졌다.

학자들은 사해 두루마리를 에세네파로 불리는 유대교 종파의 사람들이 숨기거나 보호할 목적으로 수백 년 전에 동굴에 남겨 둔 것으로 보고 있다. 에세네파가 직접 이 두루마리의 내용을 기록한 것인지, 단순히 고대 도서관에 소장할 목적으로 두루마리를 수집한 것인지에 대해서는 아직까지 밝혀진 바가 없다.

고대 로마의 개인 도서관

고대 로마에 있던 초기 도서관들은 대부분 아리스토텔레스의 도서관처럼 개인이 모은 책을 보관하던 공간이었다. 작가, 철학가, 그리고 그 밖의 다른 분야에 속한 지식인 중에는 많은 책을 가진 사람들이 있었고, 그들은 책을 보관하기 위한 도서관도 가지고 있었다. 당시 개인 도서관을 가지고 있으면 사회적 신분이 높다는 것을 증명하는 것과 같았다. 개인 도서관을 소유한 이들은 자신이 모은 책을 볼 수 있도록 친구들이 드나드는 것을 허락했다. 하지만 이러한 고대 도서관에 관한 이야기는 기록으로 남아 있거나 입에서 입으로 전해질 뿐이다. 그리스나 이집트의 도서관처럼 고대 로마에 존재했던 초기 도서관들 역시 전쟁과 자연재해로 인해 수많은 고대 유물들과 함께 흔적도 없이 사라져 버렸기 때문이다.

고대의 도서관 중에 로마의 통치자 율리우스 카이사르의 장인이자 로마 귀족인 루키우스 칼푸르니우스 피소가 소유했던 도서관은 그 흔적이 남아 있다. 피소는 헤르쿨라네움이라는 도시에 살았는데, 이 고대 도시는 그가 죽고 나서 한참 후인 79년에 화산 폭발로 인해 완전히 사라져 버렸다. 피소의 도서관과 집은 30미터 깊이의 화산흙과 용암 아래에 파묻혀 딱딱한 화산암으로 굳어버렸다. 그러나 이로 인해 오히려 긴 세월 온전히 보존될 수 있었기도 했다.

1700년대 중반, 화산재에 묻혀 있던 피소의 집이 발견되었다. 발굴 대원들은 손으로 뚫어서 만든 터널 사이를 베네치아의 곤돌라처럼 생긴 폭이 좁고 길쭉한 모양의 배를 타고 요리조리 지나갔다. 그리고 무덤처럼 집을 뒤덮고 있던 화산재 더미 속에서 도서관을 발굴했다. 수많은 연장과 조각상, 그림들과 함께 잘 보존되어 있는 나무 선반과 책꽂이가 발견되었는데, 거기에는 까맣게 그을린 1,800여 개의 파피루스 두루마리가 있었다. 발굴 후 복원된 두루마리 대부분이 현재 나폴리에 있는 이탈리아 국립 고고학 박물관에 전시되어 있다. 아주 심하게 타 버린 두루마리들은 디지털 영상처리 기술을 통해 그 내용을 해독하고 있는 중이다.

문자의 발달

도서관의 역사는 문자의 역사와 밀접한 관계가 있다. 수천 년 동안 사람들은 각자의 생각과 자신을 둘러싼 세상의 이야기를 다양한 문자로 여러 가지 도구에 기록해 왔다.

가장 오래된 형태의 문자는 '그림문자'로, 사람과 동물을 포함한 일상 사물을 간단한 그림으로 표현한 것이다. 기원전 3천 년경 이집트인들은 그림문자보다 복잡한 문자 체계를 고안했는데, 이것이 바로 '상형문자'이다. 상형문자는 모든 단어와 소리를 기호로 표현한 문자이다. 중앙아메리카의 마야인을 포함한 다른 고대인들 역시 상형문자와 비슷한 문자로 지식과 정보를 기록했다.

인류의 문명이 점점 더 기록에 의존하게 되면서 보다 단순한 체계를 갖춘 문자가 필요하게 되었다. 결국 인류는 단 20~30개의 추상적인 기호만으로 하나의 언어를 전부 기록할 수 있는 문자 체계를 개발하기 시작했다. 오늘날 유럽을 중심으로 한 서양 사람들이 글을 쓸 때 사용하는 알파벳을 '로마자'라고 하는데, 이는 4천 년 전에 쓰였던 문자에서 그 형태가 점차 발달해 온 것으로 추측된다.

지혜의 보물 창고, 도서관의 역사

고대 로마의 공공도서관

피소의 도서관 역시 피소 본인과 친구들이 이용하던 개인 도서관이었다. 그러나 피소의 사위인 율리우스 카이사르는 도서관에 관한 남다른 견해를 가졌다. 바로 모든 이들을 위한 도서관, 공공도서관을 세우겠다는 생각이었다.

기원전 44년, 율리우스 카이사르는 암살당하기 직전 두 개의 대규모 도서관을 열겠다는 계획을 발표했다. 한 곳에는 그리스어로 쓰인 책을 두고, 다른 한 곳에는 고대 로마의 언어인 라틴어로 쓰인 책을 두겠다는 것이었다. 그의 죽음으로 한때 계획이 중단되기도 했지만, 기원전 39년에 드디어 로마의 첫 번째 공공도서관이 문을 열었다.

로마 최초의 공공도서관에는 그 후에 세워진 로마의 다른 공공도서관과 마찬가지로 법률이나 의학 교재보다는 문학 작품이 많았다. 당시 로마 시민들에게 독서는 긴장을 풀고 느긋하게 시간을 보낼 수 있는 하나의 취미 생활이었기 때문이다. 실제로 이후에 세워진 로마의 공공도서관은 로마 사람들이 즐겨 찾는 시내의 공중목욕탕 안에 들어섰다. 목욕탕에 웬 도서관이냐고 할 수 있겠지만, 당시의 목욕탕은 오늘날의 문화센터와 같은 곳이었다. 알렉산드리아의 공중목욕탕에는 도서관과 열람실이 갖추어져 있었을 뿐 아니라 운동실과 오락실, 산책로와 소규모 콘서트나 강연을 관람할 수 있는 공간도 마련되어 있었다. 스트레스와 피곤함에 시달리던 로마 시민들은 이곳에서 길고 힘든 하루를 마무리하면서 여유롭게 휴식을 취할 수 있었다.

일반 시민에게 도서관을 개방한다는 발상은 율리우스 카이사르가 살았던 시대에는 상당히 신선한 생각이었다. 또한 고대인들이 지식을 추구하는 일이 가치 있고 중요하다고 생각했다는 것을 보여 주는 사례이기도 하다.

하지만 안타깝게도 로마 제국은 200년대부터 쇠퇴하기 시작했다. 결국 인류 역사상 가장 강력하고 위대한 국가 중 하나였던 로마 제국은 476년에 완전히 무너지고 말았다. 로마가 멸망한 이후 유럽 문명은 전반적으로 시들해지기 시작했고 그리스와 로마를 비롯한 고대 사회가 꽃피운 지식은 대부분 사라져 버리고 말았다. 읽고 쓸 줄 아는 사람은 극히 적었고 학문은 더 이상 아무런 가치도 없었으며, 도서관을 비롯한 문화 시설들은 모습을 감추기 시작했다. 암흑시대가 온 것이다.

지혜의 보물 창고, 도서관의 역사

암흑시대

암흑시대 도서관의 운명

642년, 이집트는 지금의 사우디아라비아에서 일어난 이슬람 세력인 아랍 군대에 정복당하고 말았다. 알렉산드리아 시민들은 자신들의 도시가 앞으로 어떤 운명에 처하게 될지 무척 두려워했다. 알렉산드리아 시민들의 눈에 아랍인들은 알렉산드리아라는 도시의 아름다움과 그곳의 웅장한 건축물, 풍부한 문화유산에는 전혀 관심이 없는 사람들로 보였다. 하지만 아랍인들은 그들이 걱정했던 것과 달리 야만적이지 않았다. 새로운 이슬람 총독은 음악과 시에 무척 관심이 많은 사람이었다. 알렉산드리아 시민 한 사람이 용기를 내어 총독에게 알렉산드리아에서 두 번째로 큰 도서관인 세라페움에서 보관하고 있던 수천 개의 파피루스 두루마리를 어떻게 할 생각인지 물었다. 그러자 총독은 다음과 같이 대답했다.

"그곳에 있는 두루마리에 적힌 내용이

세라페움

이집트의 통치자 프톨레마이오스 3세가 세라피스 신전에 설립한 부속 도서관이다.

▲ 남아 있는 세라페움의 흔적

우리 이슬람 경전의 내용과 일치한다면 그것들은 더 이상 필요가 없다. 이슬람 경전에 반대되는 내용이라면 그런 내용은 절대로 사람들이 읽어서는 안 된다. 따라서 그 두루마리들은 전부 없애버려야 한다."

총독의 대답은 기대했던 것과는 달리 매우 실망스러웠다. 총독의 명령에 따라 세라페움에 보관되어 있던 두루마리들은 알렉산드리아 시내에 있던 수천 개에 달하는 공중목욕탕의 땔감이 되고 말았다. 두루마리가 어찌나 많았던지 그로부터 꼬박 6개월 동안 밤낮을 가리지 않고 계속해서 목욕탕의 보일러를 가동시킬 정도였다고 한다.

오늘날 대부분의 역사학자들은 이 이야기가 사실이 아닐 것이라고 보고 있다. 하지만 분명한 것은 세라페움의 두루마리들이 땔감으로 쓰이지 않았더라도 알렉산드리아의 다른 규모가 큰 도서관들처럼 세라페움도 이 시기에 파괴되었다는 점이다. 그리고 암흑시대가 계속되는 동안 최소한 수백 개에 이르는 도서관들이 세라페움과 같은 운명을 겪었다. 이 시기에 서유럽 전역의 도서관이 파괴되거나 철거되었다. 이를 지켜본 당시 어느 작가는 "도서관들이 마치 무덤처럼 영원히 폐쇄되고 있다"라며 슬퍼하기도 했다.

고대 도서관의 몰락, 수도원 도서관의 등장

어쩌다 상황이 이렇게까지 나빠졌을까? 로마 제국이 기울기 시작하면서 로마는 더 이상 도서관의 운영을 지원해 줄 만한 경제적 여유가 없었고, 도서관을 이용하는 시민의 수도 점차 줄어들었다. 알렉산드리아에 있던 수많은 도서관 중에는 침략군에 의해 파괴된 곳도 있었지만, 단순히 이용하는 사람이 없어 버려진 도서관도 있었다. 그러던 중에 기독교라는 새로운 종교가 서서히 세력을 얻기 시작했다. 기독교의 종교 지도자들은 고대 그리스와 로마 시대부터 전해져 내려온 이교도 문학을 보존하는 데 그다지 관심이 없었다. 그래서 폐허가 된 도서관을 복구하려는 노력을 하지 않았다. 대신 그들은 유럽 전역에 세워지기 시작한 교회와 수도원 안에 기독교를 위한 종교 도서관을 개설하기 시작했다.

새로 문을 연 수도원 도서관에 소장할 자료를 마련하기 위해 수도원 안에서 생활하는 수도사들은 수많은 원고를 손으로 직접 베껴 쓰는 고된 노동을 해야 했다. 책은 이렇게 학문과 문화가 제대로 대접받

가장 오래된 성경

지금까지 가장 오래된 것으로 알려진 성경 사본은 시나이반도에 있는 성 카타리나 수도원에서 발견되었다. 300년대 초기의 것으로 추정되는 이 성경은 현재 영국 런던에 있는 영국 국립도서관에 소장되어 있다.

▲《시나이성서 사본》(영국 국립도서관)

지 못했던 중세 암흑시대를 견뎌 낼 수 있었다. 당시 수도원에서 제작한 필사본은 《성경》을 비롯한 종교 관련 책이 대부분이었다. 하지만 간혹 먼 훗날의 독자들을 위해서 고대 그리스와 로마 시대의 저작물들을 보존해야 할 필요성을 느끼고 그 필사본을 만들어 소장한 수도원도 있었다.

암흑시대 책의 수호자, 수도원과 필경사

암흑시대 수도사들이 제작한 필사본의 값어치는 매우 컸다. 많은 공을 들여서 직접 손으로 쓰고 색칠했을 뿐 아니라 진짜 금으로 금박 무늬를 화려하게 장식하기도 했다. 하지만 책 한 권을 베끼는 데는 엄청나게 오랜 시간이 걸렸다. 또한 필사본을 만드는 데 쓰인 재료들도 매우 값비싼 것이었다. 필사본 한 권을 만들기 위해서는 짐승 수십 마리의 가죽으로 만든 양피지가 필요했으니 그 비용이 엄청났다.

하지만 필사본을 만들 때 채색하는 데 들인 노력만큼 원고의 내용을 베껴 쓰는 데에는 주의를 기울이지 않았던 모양이다. 필경사들이 글을 대충 베껴 쓰는 바람에 필사본은 오탈자로 가득하기도 했다. 이러한 실수투성이 필사본을 두고 어느 작가는 다음과 같이 한탄했다.

"지긋지긋하게 게으르고 무식한 필경사들을 치료할 약을 누가 좀 개발

할 수는 없을까? 이 사람들의 실수 때문에 훌륭한 책이 완전히 엉망이 되어 웃음거리가 되고 있구나!"

하지만 책을 베껴 쓰는 필경실에서 일하는 것이 사실 그리 쉽지는 않았다. 필경사들은 하루에 여섯 시간에서 일곱 시간 동안 춥고, 습하고 어두운 곳에서 오직 베껴 쓰는 일만 해야 했다. 필경실이 어두웠던 이유는, 베껴 써야 하는 귀중한 원고가 빛을 너무 많이 받게 되면 혹시라도 손상될 수 있기 때문이었다. 이런 환경에서 일했으니 필경사들이 더러 실수를 하는 것이 당연한 일이었을 수도 있다.

"글을 쓸 줄 모르는 사람들은 우리가 하는 일을 노동이라고 생각하지 않을 것이다. 글을 쓰는 데는 손가락 세 개만 필요한 게 사실이지만, 글을 쓸 때는 온몸이 고역이다"라고 하소연한 수도사의 말도 일리가 있다.

수도사들의 어려움은 이뿐만이 아니었다. 수도사들은 아무 소리도 내지 않고 완전한 침묵 속에서 일해야 했다. 일을 하다가 필요한 것이 있으면 말을 하는 대신 손짓이나 신호로만 의사소통을 했다. 예를 들어 새로 베껴 쓸 원고가 필요한 수도사는 책의 페이지를 넘기는 시늉을 하고, 이교도 문학의 원고가 필요한 수도사는 개처럼 자신의 몸을 긁는 흉내를 내는 식이었다.

각 필경실에서는 주로 수도원 도서관에 보관할 책을 만들었다. 동일한 복사본을 여러 권 만들 때에는 한 명의 수도사가 큰 소리로 원고의 내용을 읽고 동시에 여러 명의 수도사가 받아쓰도록 했다. 가끔 다른 수도원의 필경실에서 책을 빌려 와 그것의 복사본을 만들어 자신들의 도서관에

필경실에서의 일상

유럽 전역에 있었던 대부분의 수도원과 아프리카 및 아시아의 일부 수도원에는 필경실이 있었다. 수도원이 그랬듯이 필경실 또한 자급자족을 원칙으로 했기 때문에 필요한 것은 무엇이든 스스로 만들어 써야 했다. 책표지와 양피지는 수도원이 소유한 땅에서 기르던 송아지와 양의 가죽으로 만들었고, 깃펜 역시 수도원에서 키우는 거위의 털로 직접 만들었다. 심지어 잉크도 수도사들이 직접 만들어 썼다.

필경실에서 일하는 수도사들은 각자의 능력에 따라 다양한 업무를 나누어 맡았다. 편지나 회계장부를 베껴 쓰는 것처럼 매일 이루어지는, 수도원의 업무를 위한 단순한 기록을 맡은 수도사들은 '리브라리(librari)'라고 했다. 원고를 베껴 쓰는 작업을 맡은 수도사들은 '안티쿠어리(antiquarii)'라고 했으며, 책을 장식하는 아름다운 문양과 그림을 그리고 그것을 화려한 색으로 칠하는 일을 하던 수도사들을 가리켜 '일루미나토(illuminator)'라고 했다.

▲ 켈스의 서(트리티니 칼리지 도서관)   ▲ 린디스판복음서(영국박물관)

고사본의 비밀

오늘날 책의 초기 형태인 '고사본'을 처음
만든 이들은 중세 수도원의 필경사들이라
고 알려져 있다.

　필경사들은 고사본을 만들기 위해 우선 큰 양
피지를 여러 장으로 자른 다음 이것들을 포개어 한쪽
옆을 꿰맸다. 그런 다음 양 끝에 나무 조각을 덧대어 양피
지를 한 묶음으로 만들었다. 이렇게 만든 고사본은 두루마리보다 훨씬
더 오래 가고 읽고 쓰기에도 편했다. 나무로 만든 '표지' 덕분에 양피지가
닳아서 너덜너덜해지는 것을 막을 수 있었고, 양피지 낱장의 양면 모두
에 글을 쓸 수 있었다. 뿐만 아니라 고사본은 특정 내용을 찾기에도 훨씬
간편했다. 두루마리에서 다시 읽고 싶은 구절을 찾으려면 감고 펼치기를
반복해야 했고, 그렇게 해도 원하는 구절을 찾지 못할 때가 많았다. 하지
만 고사본은 쪽수가 매겨진 페이지를 간단히 앞뒤로 젖혀서 원하는 부분
을 찾을 수 있었다.

　오늘날 마우스를 '스크롤(scroll은 두루마리라는 뜻이다-옮긴이)' 해서 컴퓨
터 화면을 위아래로 이동시킬 수 있다. 그야말로 디지털 버전의 두루마
리라고 할 수 있다. 하지만 컴퓨터로 정보를 검색하는 사람들은 키워드
검색 기능을 이용해 필요한 내용을 훨씬 더 쉽게 찾는다는 차이점이
있다.

소장하기도 했다. 이는 오늘날 도서관들 사이에서 이루어지는 일종의 '도서관 상호 대출'의 시작이라고 할 수 있다. 또한 수도사들은 먼 곳으로 가서 수도원에 소장할 만한 좋은 책을 구해 오기도 했다. 예를 들어 영국 북부에 위치한 수도원의 원장들은 책을 구하기 위해 정기적으로 로마로 책 여행을 떠나기도 했다.

필경사들에 의한 글쓰기의 발전

책을 베껴 쓰던 수도사들은 다양한 글씨를 쓰는 방법을 익히게 되었다. 수도사들은 오늘날의 책 디자이너들이 수천 가지나 되는 다양한 모양의 서체 중에서 마음에 드는 것을 고르듯이, 베껴 쓰는 책의 내용에 맞는 문자의 형태를 선택해서 사용하기도 했다. 그들은 각각의 단어의 시작과 끝을 분명히 나타내기 위해 소문자와 띄어쓰기 같은 방식을 도입하기도 했다. 이로써 더 읽기 편하고 이해하기도 쉬운 복사본을 만들 수 있었다. 또한 수도사들은 세미콜론(;)이나 마침표(.) 같은 기본적인 문장 부호도 사용하기 시작했다. 그 전까지는 문장 부호가 존재하지 않았고, 처음부터 끝까지 전부 대문자로만 쓰여 있어서 문장의 시작과 끝을 알기가 어려웠다.

과거의 것은 모두 새롭게 다시 태어난다

중세 동안 고대 그리스와 로마 시대에 쓰인 수많은 글은 이미 소실되었거나 수도원이나 교회 도서관 깊이 사람들의 눈에 띄지 않는 곳에 숨겨져 제대로 활용되지 못하고 있었다. 14세기 이탈리아의 유명한 시인이자 인문주의자인 프란체스코 페트라르카가 아니었더라면 대부분의 원고들은 잊힌채 전부 사라지고 말았을 것이다.

▲ 프란체스코 페트라르카

고대 그리스와 로마 시대의 유명 작가들의 작품을 발견한 프란체스코 페트라르카는, 비록 그것들이 오래 전에 쓰인 작품들이지만 그가 살던 시대에도 잘 맞아서 독자들의 마음을 사로잡을 것이라고 생각했다. 이에 영감을 받은 페트라르카는 그 이후 프랑스, 독일, 이탈리아, 스페인 등지를 여행하며 무관심 속에 방치되어 있던 다른 고전 작품의 원고가 있을 만한 수도원을 찾아다녔다.

오늘날 우리가 고대 로마의 철학자이자 정치가이자 뛰어난 연설가였던 키케로(기원전 106~기원전 43)와 위대한 고대 로마의 역사가인 티투스 리비우스(기원전 59~17)의 작품을 읽을 수 있는 것은 옛날 것이라고 무시하거나 버리지 않고 새롭게 탄생시킨 프란체스코 페트라르카 덕분이라고 할 수 있다.

중세의 수도사들은 때로 교회가 종교적인 이유로 금지한 책들을 보존하기 위해 작가의 이름을 긁어내거나 가렸다. 아니면 금지되지 않은 다른 작가가 쓴 책인 것처럼 위장하기도 했다.

이처럼 수도원의 필경실에서 보관한 복사본들 덕분에 인류 역사의 중요한 저작물들이 서유럽의 어둡고 무시무시한 암흑시대에도 보존될 수 있있다.

같은 시기에 서유럽을 제외한 세계 나머지 지역의 문명과 문화는 계속 번성하고 있었다. 비잔티움 제국과 아랍 세계, 그리고 중국이 위대한 예술과 웅장한 건축물, 의미 있는 문학 작품을 끊임없이 창조해 내고 있었다.

중세 이슬람 세계의 발전과 도서관의 역사

이슬람 세계의 사람들은 책을 몹시 아끼고 학문 연구에 깊은 애정을 가지고 있었다. 이러한 이유로 많은 학자가 앞서 소개한 세라페움의 두루마리에 관한 이야기가 사실이 아니라고 주장하기도 한다. 이슬람교의 창시자인 무함마드는 이슬람교도인 무슬람인들에게 이슬람 경전인《꾸란》을 공부하고, 그것을 완전히 외울 수 있도록 처음부터 끝까지 베껴 쓸 것을 권했다. 비록 그 자신은 읽고 쓰지 못했지만 말이다. 무슬림들은 기독교인들 못지않게, 아니 그들보다 글을 읽고 쓰는 능력이 훨씬 더 뛰어났다. 또한 책을 예술 작품으로 높이 평가하는 안목도 갖추고 있었다. 이슬람 세계의 중심지인 바그다드는 무수히 많은 서예가와 삽화가를 배출했다. 서유럽의 수도사들이 제작한 채색 사본과 견주어도 손색이 없을 만큼 아름다운 책들이 이들의 손에서 탄생했다.

꾸란

《꾸란》은 이슬람교를 창시한 무함마드가 신에게 받은 계시를 기록한 경전이다.

▲ 꾸란(뮤지엄 산)

스페인에서 중국의 국경에까지 이르는 대제국을 건설한 이슬람인들은 이슬람교를 전파하는 곳마다 도서관도 세웠다. 스페인 남부의 코르도바라는 도시에 세운 도서관에는 50만 권에 달하는 책이 소장되어 있었다고 한다. 도서관을 새 건물로 이전할 때 그 안에 보관된 책을 모두 옮기는 데에만 6개월이 걸렸을 정도였다고 한다. 이집트 카이로에 있던 또 다른 대규모 이슬람 도서관은 2천 권이 넘는《꾸란》채색 사본을 소장하고 있었다고 한다.

이슬람 세계 최고의 도서관, 지혜의 집

세계에서 제일이라고 꼽힌 이슬람 도서관은 지금의 이라크 바그다드에 있던 '바이트 알 히크마'로, '지혜의 집'이라는 뜻을 가진 도서관이다. 830년경에 세워진 지혜의 집은 이슬람교를 연구하는 연구소이자 번역 전문 학교였다.

지혜의 집은 세계적으로 유명했으며, 유럽과 아프리카에 이르는 전 이슬람권 지역에서 학생들이 찾아왔다. 지혜의 집은 무료로 이용할 수 있었고 학자들에게 각종 지원을 해 주었기 때문이다. 실제로 지혜의 집에 살았던 많은 학자는 종이와 잉크, 음식과 생필품을 제공 받았고, 보고 싶은 책을 원하는 대로 마음껏 볼 수 있었다고 한다.

지혜의 집에 머물렀던 학자들은 플라톤이나 아리스토텔레스 같은 고대 그리스 철학자들의 책을 아랍어로 번역하기도 했다. 이들이 없었다면 인류의 역사에서 중요한 의미를 갖는 철학자들의 글을 오늘날 볼 수 없었을지도 모른다.

지혜의 집에는 이슬람 경전과 이슬람교 전반에 관한 내용을 다룬 어마어마한 양의 책이 있었을 뿐 아니라 수학, 역사, 의학, 철학 분야의 중요한 책도 많이 있었다. 칼리프라고 불리는 바그다드의 최고 통치자는 수백 명에 이르는 사람들을 고용해서 지혜의 집을 관리하고 운영하도록 했다. 지혜의 집에는 책을 분류하고 보관하는 사서들과 새로 들여온 그리스어나 라틴어 같은 외국어로 된 책을 아랍어로 번역하는 학자들, 원고의 복사본을 만드는 필경사들, 그리고 그 복사본을 제본하는 사람들이 일하고 있었다.

또한 칼리프는 전 세계를 돌아다니는 중개상인들을 고용해서 그들로 하여금 좋은 책을 구입해 오도록 했다. 문자로 된 기록을 매우 가치 있는 것으로 여겼던 칼리프는 중개상인들이 세계 곳곳에서 구해 온 책들을 후

이동도서관의 탄생

도서관이라고 해서 반드시 정해진 장소에만 책을 보관했던 것은 아니다. 10세기 페르시아의 수상이었던 압둘 카셈 이스마엘은 자신이 수집한 책에 대한 집착이 무척 심해서, 어디를 가든지 자신의 책을 전부 가지고 다녔다고 한다. 그리하여 그는 무려 5백 마리가 넘는 낙타를 이용해서 10만 권에 달하는 자신의 책을 실어 나르게 했다. 역사상 최초의 이동도서관이 탄생한 것이다. 심지어 그는 여행 중에도 낙타 등에 실려 있는 책을 알파벳 순서에 따라 쉽게 찾아보기 위해서 항상 정해진 순서대로 움직이도록 낙타들을 훈련시키기까지 했다고 한다.

한 값을 주고 사들였고, 이를 계기로 당시 도서 거래가 매우 번성했다. 800년대 말에는 바그다드에서만 최소 100명이 넘는 서적 상인들이 활동했다고 한다.

지혜의 보물 창고, 도서관의 역사

비잔티움 제국의
제국 도서관

당시 이슬람교 못지않은 강력한 권력을 지니고 있던 세력이 있었는데, 흔히 비잔티움 제국이라고도 하는 동로마 제국이다.

비잔티움 제국의 수도 콘스탄티노플(오늘날 터키 이스탄불)은 이슬람 제국의 수도였던 바그다드와 마찬가지로 문화의 중심지였다. 로마 건국 이후 로마의 법과 규칙을 총 정리한 유스티니아누스 법전이 500년대에 콘스탄티노플에서 만들어졌다.

천 년에 이르는 로마 시대의 법을 생생한 실제 사례를 들어 해석하고 설명하는 유스티니아누스 법전은, 다른 중세 국가들이 나라의 법전을 마련하는 데 기본으로 삼을 정도로 유럽의 사법 제도에 매우 큰 영향을 미쳤다. 오늘날 유스티니아누스 법전은 서양 문명에 기여한 로마의 위대한 업적 중 가장 대표적인 것으로 널리 알려져 있다.

그 밖에도 콘스탄티노플에는 비잔티움 양식의 돔 지붕을 얹은 아름다운 성 소피아 성당이 있었다. 지금도 이 성당을 보기 위해 해마다 수많은 관광객들이 터키 이스탄불로 모여들고 있다. 또한 제국 도서관을 포함한 3개의 주요 도서관도 콘스탄티노플에 세워졌다.

로마 최초의 기독교도 황제인 콘스탄티누스 대제에 의해 4세기 초에 세워진 제국 도서관은 1453년 콘스탄티노플이 오스만 제국군에게 함락

비잔티움 제국

번영을 누리던 로마 제국은 2세
기 말부터 쇠퇴하기 시작했다.
그리고 395년 결국 로마 제국은
동과 서로 분열되고 말았다. 서
로마 제국은 게르만족의 침략
을 받아 476년 멸망했다. 그러
나 동로마 제국은 306년경부터

▲ 현재 이스탄불

1453년까지 천 년 넘게 지속되었다.

동로마 제국은 비잔티움 제국이라고도 한다. 동로마 제국의 수도는 콘
스탄티누스 대제의 이름을 딴 콘스탄티노플이었는데, 이 곳은 본래 비잔
티온이라고 불리던 그리스의 식민도시였다. 그 이름을 따서 비잔티움 제
국이라고도 부르는 것이다.

비잔티움 제국은 그리스와 로마 시대의 예술과 문학을 보존했을 뿐 아
니라 고대 사회의 법률과 정치적 전통을 이어 나갔다. 비잔티움 제국이
낡은 이교도 세계와 새로운 기독교 세계를 잇는 다리 역할을 한 것이다.

될 때까지 천 년도 넘는 오랜 세월 동안 자리를 지켰다. 하지만 그 사이 로
마 제국은 게르만족과 슬라브족, 페르시아, 이슬람교도, 세르비아 등 수
많은 민족들에게 차례로 침략을 당하며 고난을 겪었다. 제국 도서관 역시
로마 제국과 운명을 함께하며 그 지위가 오르락내리락하며 위기를 겪었

다. 그러다 결국 1200년대에 벌어진 제4차 십자군 전쟁 도중 서유럽의 기사와 귀족들이 비잔티움 제국을 공격하면서 제국 도서관도 실질적인 최후를 맞게 되었다. 콘스탄티노플은 순식간에 점령당했고, 제국 도서관에 보관되어 있던 책들은 대부분 없어지거나 그 가치를 알아보고 눈독을 들인 이탈리아 상인들에게 헐값으로 팔리게 되었다.

침략으로 파괴된
이슬람 세계 도서관

1453년에 오스만 제국이 콘스탄티노플을 정복하면서 비잔티움 제국은 완전히 멸망하고 말았다. 이미 오래전부터 세력이 약해져 있었기 때문에 비잔티움 제국의 멸망은 당시로서는 별로 놀라운 일도 아니었다.

십자군 원정대는 비잔티움 제국을 침략했을 때 콘스탄티노플에 있던 도서관들을 파괴하고 도서관에 있던 책들을 불태워 버리거나 팔아 넘겼다. 오스만 제국 국민들도 십자군 원정대와 별반 다를 게 없었다. 그들은 제국 도서관에 얼마 남아 있지 않던 책들을 팔아치우기 시작했다. 특히 콘스탄티노플에는 그리스어로 된 귀중한 문서들이 많이 보관되어 있었는데, 이 책들은 그 후 100년 동안이나 활발하게 거래되었다.

비슷한 시기에 다른 대규모의 이슬람 도서관들 역시 안타깝게도 화재나 홍수, 또는 서로 다른 이슬람 종파 사이의 분쟁으로 인해 파괴되고 말았다.

특히 1200년대에 잔인하기로 이름난 몽골의 대규모 군대가 이슬람 지역을 침략하면서 최악의 일들이 벌어졌다. 1258년에는 이슬람 제국의 수도 바그다드에 진입한 몽골군이 일주일도 안 되는 짧은 기간 동안 바그다드에 있던 도서관들을 모조리 파괴했다는 이야기도 있다. 도서관에 있던 엄청나게 많은 책들을 몽골군이 몽땅 티그리스 강 속으로 던져 버리는 바

람에 물에 빠진 책으로 다리를 만들어 강의 한쪽 기슭에서 다른 쪽 기슭까지 이을 수 있을 정도였다고 한다.

끝나가는 중세와
새로운 시대의 시작

비록 200여 년 동안 계속된 십자군 전쟁으로 인해 많은 것들이 파괴되고 폐허가 되었지만, 동쪽과 서쪽의 교류는 활발해졌다. 십자군 원정대가 기독교 성지와 비잔티움 제국을 점령하며 전쟁을 벌이는 동안 서유럽인

십자군 전쟁

십자군 전쟁은 서유럽의 기독교 군대가 기독교 성지
탈환을 위해 벌인 전쟁으로, 1096년부터 1270년까지
총 여덟 번에 걸쳐 일어났다. 이 전쟁에 참여한 기
사들이 가슴과 어깨에 십자가 표시를 했기 때문에
이 원정을 십자군이라고 부른다. 왕과 성직자에서
부터 가난한 농부와 어린 아이들에 이르기까지
수천 명에 달하는 사람들이 스스로 원해서 십자
군 전쟁에 참여했다.

십자군 원정대는 이스라엘이 있는 기독교 성지를
이슬람 세력의 손에서 찾아오기 위해 십자군 전쟁을
일으켰다. 더불어 기독교 교회의 세력과 영향력을 더 넓은 지역으로 확
장시키려는 목적도 있었다.

십자군 전쟁은 대부분 실패로 끝났다. 십자군 원정대는 한때 성지를
점령했지만 성지의 지속적인 통치권을 되찾지는 못했다. 뿐만 아니라 오
히려 십자군 전쟁 도중 서유럽의 기독교도와 비잔티움 제국의 기독교도
사이에 분열이 일어나는 바람에 서로에 대한 적대감과 갈등이 깊어졌다.
하지만 십자군 전쟁으로 인해 동서 교류가 더욱 활발해져서 무역이 증가
했고, 이로 인해 유럽인들의 삶은 여러 방면에서 훨씬 더 풍요로워졌다.

지혜의 보물 창고, 도서관의 역사

들은 오랫동안 잊고 지내 왔던 과거의 글과 사상을 다시 접하게 되었다.

바그다드에서 처음으로 시작되어 비잔티움 전역으로 퍼진 도서 거래의 발달도 귀중한 책들을 다시 서유럽으로 가져오는 데 큰 도움이 되었다. 콘스탄티노플에는 그리스어로 된 책이 많았다. 콘스탄티노플은 중세시대에 서양 세계에서는 완전히 없어졌던 고전주의 문학을 보존하는 역할을 했던 것이다. 실제로 오늘날까지 보존되고 있는 그리스어 문서 중 75퍼센트가 그리스에 있던 원본이 아니라 비잔티움 제국에서 발견된 복사본에서 유래한 것이라고 한다. 이 문화에서 저 문화 사이를 이동하던 기록과 사상은 유럽인들이 잊고 살아온 고대 세계로 향하는 문을 열어 주었다.

비잔티움 제국의 몰락은 한때 위대했던 문명의 비극적인 최후이기도 했지만 동시에 인류 역사상 가장 수준 높은 문화의 화려한 시대를 여는 신호이기도 했다. 르네상스라고 불리는 시대가 바로 이 시기에 시작된다.

3장

황금기

1400년 중반 독일의 마인츠라는 도시에 살고 있던 금세공사에게 어느 날 아주 기발한 생각이 떠올랐다. 포도주 제조업자들과 화가들, 혹은 자신과 같은 금세공사들 사이에서 흔하게 사용되고 있는 도구와 기술을 조금 응용하면 이 세상에 꼭 필요한 새롭고 유익한 것을 만들 수도 있겠다는 생각이었다.

우선 그는 포도주 제조업자들이 포도를 눌러 짜는 데 사용하는 압착기와 벨기에 화가들이 캔버스에 그림을 그릴 때 쓰는 검은색 잉크를 연구하기 시작했다. 그는 이렇게 알아낸 지식에 금세공사들이 보석에 숫자를 새기는 데 사용하는 펀치라는 도구의 사용법을 결합하여 새로운 아이디어를 점차 구체화해 나갔다. 이렇게 다양한 분야의 자투리 지식을 기초로 해서 탄생한 기계가 바로 인쇄기다. 그리고 인쇄기를 발명한 금세공사의 이름은 요하네스 구텐베르크다.

인쇄기의 발명과 책의 보급

구텐베르크가 인쇄술을 최초로 발명했다고 알고 있는 사람들도 있지만, 이는 사실이 아니다. 최초로 인쇄술을 발명한 것은 중국인이다. 구텐베르크가 인쇄기를 발명하기 수백 년 전에 이미 중국인들은 목판 인쇄술을 이용해 책을 찍어 내고 있었다. 목판 인쇄술은 나무토막에 문자나 그림을 새긴 다음 잉크를 바르고, 그것을 종이 위에 눌러 찍어서 복사본을 만드는 것이다. 그 당시 중국인들은 세계의 다른 지역과 거의 교류하지 않았기 때문에 다른 지역의 사람들은 중국인들에게 인쇄술을 비롯한 다양한 기술이 있다는 것을 전혀 알지 못했다.

또한 당시 중국의 인쇄 방식은 아직 미숙하고 어설픈 수준이었다. 나무토막은 수명이 그리 길지 않았고, 나무토막이 닳기 시작하면 더 이상 책을 찍어 낼 수 없었다. 뿐만 아니라 각 나무토막에는 한 쪽에 해당하는 내용의 글자만 새겨져 있었기 때문에 나무토막 하나로는 한 쪽을 여러 번 찍어 낼 수 있을 뿐이었다. 다른 쪽을 찍어 내리려면 새 나무토막에다가 새롭게 글자를 새겨야 했다. 그렇기 때문에 많은 쪽을 찍어내는 것은 무척 힘들고 번거로운 일이었다.

구텐베르크가 발명한 인쇄기에는 이런 목판 인쇄의 번거로움을 극복하고 인쇄를

구텐베르크 성경

당시 구텐베르크가 성경 300권을 인쇄하는 데에는 적어도 2년 이상이 걸렸을 것으로 추정된다. 인쇄된 지 500년이 훨씬 넘은 지금까지도 그중 약 40권이 남아 있다. 구텐베르크가 자신이 만든 인쇄기로 찍은 첫 번째 책이라는 이야기도 있었지만, 이는 사실이 아닌 것으로 밝혀졌다.

▲ 구텐베르크 성경(뉴욕 공공도서관)

보다 쉽게 할 수 있는 비밀이 있었다. 구텐베르크는 우선 각각의 알파벳을 모두 금속으로 주조한 '가동 활자'라는 것을 만들어냈다. 그리고 가동 활자를 인쇄하고자 하는 페이지에 맞게 배열하고, 인쇄가 끝나면 활자를 분해했다. 그다음 다른 페이지를 인쇄할 때면 그 페이지에 알맞게 다시 활자를 배열해서 사용했다. 이 방법은 나무에 새겨서 찍어 내는 목판 인쇄보다 더 오래 가고, 쪽마다 판을 새길 필요 없이 활자만 재배열하면 되기 때문에 훨씬 편리했다.

구텐베르크 인쇄기의 작동 원리

구텐베르크는 모든 알파벳을 주조해서 가동 활자를 만들었다. 주조는 금속을 녹여 거푸집에 부어 굳히는 일로, 이렇게 하면 거푸집과 같은 모양의 금속을 만들 수 있다. 식자공은 이렇게 만든 활자를 독자가 읽기 편하게 활자판 위에 배열하는 조판 작업을 한다. 그다음 활자판을 인쇄기에 놓고, 그 위에 잉크를 바른 후 종이를 한 장 넣은 종이꽂이를 접어서 활자판 위에 포개어 놓는다. 그리고 인쇄판이라고 하는 사각형의 무거운 나무 덩어리 아래로 활자판을 밀어 넣는다. 식자공이 지렛대를 이용해 커다란 나무 나사를 돌리면 인쇄판이 활자판 위로 내려와 조판된 활자와 맞닿아 있는 종이를 내리누른다. 그러면 활자판 위에 발라 둔 잉크가 종이에 묻으면서 식자공이 조판한 글자가 종이에 인쇄된다.

같은 내용을 한 장 더 인쇄하고 싶으면, 인쇄판을 다시 올려서 활자판

지혜의 보물 창고, 도서관의 역사

을 빼낸 다음 종이꽂이 안의 인쇄된 종이를 꺼내고 빈 종이로 갈아 끼운 후 위의 과정을 한 번 더 반복하기만 하면 된다. 손으로 글씨를 베껴 쓰는 것보다 훨씬 빠르면서도 보다 정확한 작업이 가능한 구텐베르크의 인쇄기는 하루에 300장 정도의 원고를 찍어 낼 수 있었다고 한다.

원고의 내용에 맞게 활자를 배열하는 식자공의 일은 무척 까다롭고 힘든 일이었고, 글을 읽고 쓸 줄 알아야 했기 때문에 식자공은 당시 사회에서 가장 존경 받는 직업 중 하나였다.

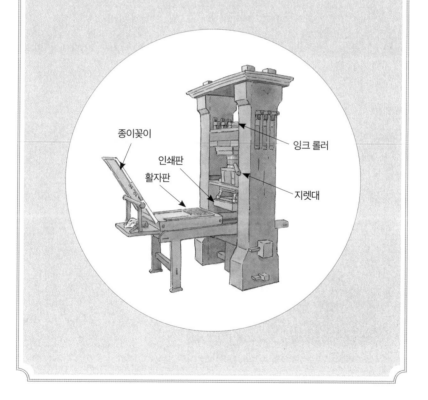

종이꽂이
인쇄판
활자판
잉크 롤러
지렛대

우리나라의 금속활자와
《직지심체요절》

그런데 이렇게 놀라운 기술이 우리나라에서 먼저 사용되었다. 우리나라는 구텐베르크가 유럽에서 금속활자로 책을 인쇄한 것보다 70여 년이나 앞선 고려 시대에 이미 금속활자로 책을 인쇄했다. 그 증거가 바로 1377년 만들어진《직지심체요절》이라는 책이다. 이는 우리 조상들이 세계 최초로 금속활자를 만들어 인쇄했다는 것을 의미한다. 이 사실은 1970년대에서야 밝혀졌고, 그 이후《직지심체요절》은 세계에서 가장 오래된 금속활자 인쇄본으로 인정받게 되었다.《직지심체요절》은 2001년에 유네스코가 선정한 세계기록유산으로 등재되기도 하였다.

현재《직지심체요절》은 프랑스 국립도서관에 소장되어 있다. 1886년 한국과 프랑스가 수호 통상 조약을 체결한 이후 초대 주한 대리 공사로 부임한 콜랭 드플랑시가 우리나라에 근무할 당시 각종 고서와 문화재를 가져갔는데, 이때《직지심체요절》도 함께 건너간 것이다. 콜랭 드플랑시는 자신의 모교인 동양어 학교에 이 책을 기증했는데, 앙리 베베특이라는 사람이 다시《직

▲《직지심체요절》(프랑스 국립도서관, 다큐멘터리〈직지, 활자의 시간여행〉중에서)

지혜의 보물 창고, 도서관의 역사

지심체요절》을 사서 프랑스 국립도서관에 기증했다. 우리나라의 귀중한 문화유산이 프랑스 도서관에 있다는 사실은 매우 가슴 아픈 일이다. 우리나라의 문화재를 찾아오기 위한 노력은 지금도 계속되고 있다.

가동 활자 발명이
유럽 사회에 끼친 영향

많은 사람들이 구텐베르크가 발명한 가동 활자야말로 서구 문명 역사를 통틀어 가장 중요한 발명품 중의 하나라고 생각한다. 실제로 가동 활자 발명은 유럽의 여러 나라와 사람들의 삶에 큰 영향을 미쳤다.

1400년대 이전에는 읽고 쓸 줄 아는 유럽인의 수가 무척 적어서 지식과 정보는 주로 말을 통해 입에서 입으로 전달되었다. 당연히 지식과 정보가 사람들에게 고루 전달되기까지는 무척이나 오랜 시간이 걸렸고, 그나마 전달된 정보도 잘못되기 일쑤였다. 글을 읽을 줄 아는 사람들조차도 자신들이 읽은 내용이 정확한 것인지 확신할 수 없어서 올바른 지식을 얻기가 쉽지 않았다. 앞서 살펴본 것처럼 손으로 베껴 쓴 책에는 잘못된 내용이 많았기 때문이다. 더군다나 손으로 일일이 베껴서 책 한 권을 만들기까지는 아주 오랜 시간이 걸렸기 때문에 책은 매우 진귀했고, 평범한 시민들이 사서 보기에는 가격도 너무 비쌌다.

가동 활자를 이용한 인쇄술은 이 모든 것을 바꾸었다. 인쇄술이 등장하면서 책을 읽으려고 글을 배우는 사람들이 많아졌고, 책에 대한 수요도 폭발적으로 증가하기 시작했다. 이를 계기로 유럽은 더 개방적이고 민주적인 사회로 탈바꿈하게 되었다. 더 이상 소수의 상류층이 지식을 독점하는 세상이 아니었다. 사회적 지위나 배경에 관계없이 글을 읽을 수 있는 사람이라면 누구나, 역사상 그 어느 때보다 많은 정보와 지식을 접할 수 있었다. 이는 곧 새로운 발견과 생각들이 보다 쉽고 멀리 전파될 수 있으며, 사람들이 자신의 의견을 가지고 스스로 생각할 수 있게 되었음을 뜻한다.

가동 활자의 발명은 도서관에도 영향을 미쳤다. 구텐베르크가 발명한 인쇄기가 널리 보급되기 전인 르네상스 초기만 해도, 수도원과 성당이 많은 책을 한꺼번에 볼 수 있는 거의 유일한 장소였다. 이러한 도서관들은 오늘날의 도서관과는 많이 달랐다. 대부분 종교적인 문서로 가득했던 도서관은 신학을 공부하는 학생들이나 수도사들이 주로 이용했다. 특히 수도사들은 독자이기도 했지만 동시에 필경실에서 고된 필사 작업을 통해 도서관 책장에 꽂을 책들을 만드는 중요한 역할도 했다.

수도사들이 손으로 일일이 베껴서 만든 필사본은 수년에 걸쳐서 완성

되었기 때문에 다른 그 무엇과도 비교할 수 없는 귀중한 가치를 지녔다. 그래서 도서관 사서들은 필사본이 도난당하지 않도록 모든 책을 책장 앞의 가로 막대에 긴 쇠사슬로 단단히 묶어 두었다. 사람들은 책장에서 책을 꺼내 볼 수는 있었지만, 책을 묶고 있는 쇠사슬의 길이가 허락하는 범위를 넘어서 멀리 떨어진 곳으로 책을 가지고 갈 수는 없었다. 때로 도서관 이용자들은 집에 있는 책을 가져와 도서관에 맡겨 두어야 책을 볼 수 있었다. 맡긴 책은 도서관에서 빌린 책을 손상하지 않고 돌려주었다는 것이 확인되어야만 돌려받을 수 있었다. 심지어는 서약을 해야만 책을 보는 것이 허락되는 경우도 있었다고 한다.

도서관 이용자는 주의할 것!

르네상스 시대 초기의 사서들은 자신들이 일하는 도서관에 소장된 책이 오래되어 썩거나, 화재로 불에 타거나, 도둑맞지 않도록 매우 조심해야 했다. 사서들에게는 도서관 책을 안전하게 보관해야 하는 분명한 의무가 있었기 때문이다. 때때로 책이 없어지거나 읽기 힘들 정도로 손상되면 사서들이 그에 대한 책임을 져야하기도 했다. 당시 사서라는 직업은 '습기와 벌레, 그리고 경박하고 무식하고 지저분하고 교양 없는 사람들의 손이 닿지 않도록 책을 보호해야 하는 사람'이라고 정의되고는 했다.

도서관 책을 안전하게 관리하고, 일자리의 위험도 줄이기 위해 사서들은 도서관 이용에 대한 엄격한 규칙을 정해 놓았다. 심지어 성당 도서관에는 책을 훔치거나 책에 조금이라도 흠을 내는 사람은 종교에서 파문을 당할 것이라고 경고하는 내용의 벽보가 붙어 있기도 했다.

당시 성당에 붙은 벽보 중에서도 특히 무시무시한 내용이 하나 있었다.

"도서관 이용 중에 훔치거나, 속임수를 쓰거나, 아니면 그 밖의 다른 방법으로 도서관 책을 가져가려고 하는 사람은 그 이름을 살아 있는 자들의 명단에서 찾아볼 수 없게 될 것이다."

도서관을 변화시킨 인쇄기와
종교 개혁

인쇄기로 찍은 책을 쉽게 이용할 수 있게 되고, 종교 개혁이라고 불리는 종교 및 문화 운동이 일어나면서 도서관은 완전히 달라지기 시작했다. 북유럽과 중부 유럽의 개신교 신자들은 수많은 수도원과 성당 도서관을 폐쇄했다. 그리고 르네상스 시대가 시작될 즈음 유럽의 주요 도시들에 세워진 대학을 중심으로 여러 교육기관에 자신들이 만든 책을 퍼뜨리기 시작했다. 개신교 신자들은 교육의 힘을 굳게 믿었다. 그들은 성직자들만의 교육 기관이었던 가톨릭 수도원과는 달리 대학을 성직자는 물론 의사와 법률가, 공무원 등을 훈련하고 교육시키는 기관으로 여겼다. 개신교 신자들은 도서관이 직업과 신분에 상관없이 모든 시민들이 이용할 수 있는, 보다 열린 장소가 되기를 원했다. 필사본 대신 가격도 적당하고 다시 구하기도 쉬운 인쇄 도서들이 점차 널리 읽히게 되면서 개신교 신자들이 꿈꾸던 도서관의 모습이 실현되어 갔다.

우선 각 도서관들이 소장본으로 사들이는 책의 종류에 큰 변화가 생겼다. 인쇄기로 새로운 책들이 만들어지면서 역사와 시, 그리고 고대 문학에 대한 사람들의 관심이 되살아났다. 이처럼 인쇄기의 도입을 통해 새롭게 불붙은 인문 분야에 대한 관심은 휴머니즘이라고 하는 문화 운동으로 이어졌다.

마틴 루터와 종교 개혁

1517년 10월 31일, 독일의 수도자이자 신학 교수였던 마틴 루터는 자신이 다니던 교회의 문에 '95개의 반박문'이라고 적힌 종이를 붙였다. 루터의 95개 반박문에는 로마 가톨릭교회의 부패와 타락을 비판하는 내용이 적혀 있었다. 그중에는 교회에서 돈을 받고 죄를 용서해 준다는, 한낱 종잇조각에 불과한 면죄부를 파는 것을 비판하는 내용도 있었다.

가톨릭교회 지도자들은 루터에게 공개적으로 교회를 비판한 내용을 철회하라는 압력을 가했지만 루터는 이를 거부했다. 그러자 교회는 그를 파문시켰다. 하지만 당시의 가톨릭교회가 부패했다는 루터의 의견에 동조하는 사람들이 많았다. 곧 많은 추종자들을 거느리게 된 루터는 신교도 운동을 이끌어  나갔다. 이들의 종교 개혁으로 인해 가톨릭과 신교는 영원히 분리되고 말았다. 하지만 그와 동시에 종교 개혁은 로마 가톨릭교회가 과거의 부패를 극복하고 발전하는 계기가 되기도 했다. 무엇보다도 중요한 것은 종교 개혁으로 인해 유럽이 보다 관대하고 세련된 개방적인 사회로 변화하기 시작했다는 점이다.

책을 해방시킨 휴머니스트

이탈리아의 시인 프란체스코 페트라르카는 최초의 휴머니즘 운동을 이끈 사람들 중 한 명이다. 그는 제대로 돌보지 않아서 방치되고 더러워진 유럽의 수도원 도서관에 숨겨져 있는 오래된 책들을 구해 내는 것을 자신의 사명으로 여겼다.

페트라르카에게 영향을 받은 사람들도 그와 함께 일을 하기 시작했다. 곧 수많은 휴머니스트들은 유럽 곳곳에 흩어져 있는 수도원을 찾아 먼 여행을 떠나서, 고대의 작품들을 정확하게 필사한 책들을 찾아오기 시작했다. 이렇게 찾아낸 책들은 다시 인쇄업자들에게 넘겨져서 새로운 책으로 탄생하게 되었다.

하지만 손으로 베낀 책들 중에서 정확한 내용의 책을 찾는 건 쉬운 일이 아니었다. 페트라르카는 "작품의 원작자들이 필사본을 보고 자기 작품이라고는 도저히 상상하지 못할 것이다"라며 제대로 쓰인 책을 찾는 어려움을 호소했다. 그는 또 "자격시험이나 능력을 검증할 만한 기준 없이 아무나 필경사를 뽑아서 일을 시켰기 때문이다"라고 불평하기도 했다.

휴머니스트들은 책들이 수도원에서 어떻게 보관되고 다루어져 왔는지를 보고 경악했다. 수도원에 묻혀 있는 책들이 고통스럽게 외치는 소리를 들었다는 사람도 있었다. "내가 여기서 누구의 관심도 받지 못한 채 영원히 사라져 버리도록 놔두지 말아주세요. 나를 이 낡은 수도원의 사슬에서 풀어 주세요!"라고 말이다. 대부분의 휴머니스트들은 수도원을 감옥으로, 그리고 수도원의 책들을 사로잡힌 포로들로 여겼다. 휴머니스트들은 이 책들을 자신들의 손으로 해방시키겠다는 생각으로 수도원으로부터 책을 사들이거나 빌렸다. 때때로 그들은 책을 훔치는 일까지도 마다하지 않았다고 한다.

휴머니즘

인문주의라고도 하는 휴머니즘은 인간의 자유와 존엄성을 중시하는 사상이다. 14세기 이탈리아에서 시작된 이 사상은 고대 로마와 그리스 문학에 대한 사람들의 관심이 다시 커지면서 함께 성장했다. 휴머니스트들은 고대 로마와 그리스의 작가들이 도덕적이고 인간 중심적인 삶을 살아가기 위해 알아야 하는 것들을 가르쳐줄 수 있을 것이라 믿었다.

휴머니스트들은 시, 역사, 철학, 문법을 중심으로 공부했다. 시간이 지나자 부유한 가문에서 자녀들에게 휴머니즘을 가르치기 위해 휴머니스트를 가정교사로 고용하기 시작했다. 구텐베르크의 인쇄기가 등장하고 인쇄 매체가 널리 퍼지기 시작하면서 휴머니즘은 계급 간의 격차를 무너뜨렸고, 부유하지 않은 자들에게도 흘러들어 가기 시작했다. 개인의 중요성과 민주주의와 이성의 원칙에 대한 신념은 교회의 권위를 약화하고 계몽주의의 발판을 만드는 데 일조했다.

개인 도서관이 부활한
르네상스 시대

　수도원 도서관에서 해방된 책들이 모두 인쇄업자들에게 넘겨지거나 대학 도서관에 소장되었던 것은 아니다. 르네상스 시대는 개인 도서관의 전성기라고 불릴 정도로 개인 도서관이 번성했던 시대이기도 하다. 르네상스 시대의 개인 도서관 역시 율리우스 카이사르가 통치하던 시기의 로마 제국처럼 신분과 권력을 과시하는 상징이 되었다.

　돈 많고 영향력 있는 사람들은 경쟁적으로 책을 수집하기 시작했다. 그 당시 문을 연 개인 도서관 중에서 가장 유명한 곳은 1400년대에 이탈리아 피렌체의 부유한 은행가였던 코시모 데 메디치의 도서관이다. 메디치는 전설적인 알렉산드리아 도서관에 견줄 만한 대규모 도서관을 세우고자 하는 바람을 가지고 있었다. 시간이 지나 메디치가 수집한 책은 점점 더 많아졌고, 결국 두 번째 도서관을 지어서 책을 나누어 소장하게 되었다. 그는 이 두 번째 도서관을 학자들과 예술가들에게 개방하여 그들이 마음껏 연구와 예술 활동을 하도록 북돋아 주었다. 이 도서관이 로마 시대 이후에 문을 연 최초의 공공도서관이라 할 수 있다. 메디치는 그 이후로도 계속해서 책을 수집해서 학문과 예술의 발전을 지원했다.

　코시모의 증손자였던 로렌초 데 메디치는 할아버지의 뜻을 이어서 도서를 수집했고 문화, 예술을 후원했다. 이렇게 메디치 가문은 르네상스

시대에 예술과 학문을 후원한 유명한 가문이 되었다.

바티칸 도서관을 세운
교황 니콜라오 5세

　메디치 가문의 책들과 도서관을 눈여겨보던 토마소 파렌투첼리라는 도서관 사서가 있었다. 종교적 믿음이 매우 깊었던 파렌투첼리는 1447년에 로마 가톨릭교회를 이끄는 최고 지도자로 선출되었다. 교황 니콜라오

5세로 즉위한 그는 가톨릭 순례자들을 로마로 불러들여서 헌금을 내도록 설득하는 데 성공했다. 그렇게 해서 모인 거액의 헌금으로 도서 중개인을 고용한 교황은 유럽 전역에서 고대로부터 전해져 내려온 저작물들을 찾아오도록 했다. 그는 1453년에 비잔티움 제국의 수도인 콘스탄티노플이 함락될 때 그곳의 제국 도서관에 소장되어 있던 책들을 사들이기도 했다.

　니콜라오 5세가 교황이었던 시기에 인쇄기는 이미 발명되었으나 아직 널리 보급되기 전이었다. 따라서 교황 니콜라오 5세나 메디치 같은 15세기의 책 애호가들은 여전히 수백 년 전 중세의 수도사들과 같은 방법으로 소장 도서를 늘리고 있었다. 다른 사람들에게서 책을 빌려 와서 그것을 손으로 베껴 쓰는 것이다. 니콜라오 5세는 필경사들을 교황청 직원으로 채용해서 빌려 온 원고의 필사본을 제작하게 했다. 또한 콘스탄티노플

▲ 바티칸 도서관

의 학자들을 로마로 데려와 그들에게 그리스어로 된 원고를 라틴어로 번역하는 일을 맡기기도 했다. 그렇게 해서 제작한 필사본 책들은 바티칸 도서관의 가장 중요한 자산이 되었다. 니콜라오 5세가 건설한 바티칸 도서관은 오늘날 서양 문명의 역사를 통틀어 가장 중요한 도서관 중 하나로 평가받고 있다.

도서관의 변화를 이끈 책의 변화

1455년, 교황 니콜라오 5세가 사망한 후에도 바티칸 도서관은 규모는 계속 커졌다. 도서관의 규모를 키우기 위해 때때로 다소 비열한 방법이 동원되기도 했다. 1508년, 교황 레오 10세는 수도원에서 빌려 왔던 필사본 책을 바티칸 도서관에 보관하고, 필사본보다 가치가 떨어지는 인쇄본 책을 돌려보냈다. 교황은 수도원 원장에게 책과 함께 편지도 한 통 보냈다. 편지에는 "여기 새로 교정을 보고 아름답게 제본해서 만든 인쇄 도서를 한 권 보냅니다. 이 책을 수도원 도서관에 보관하십시오. 필사본 원고가 꽂혀 있던 자리에 대신 꽂아 두면 될 것입니다"라고 적혀 있었다. 그러고는 이런 솔직한 말도 편지에 덧붙였다. "우리가 필사본을 가지고 있는 것이 결과적으로는 수도사 여러분에게 해를 끼치기보다는 오히려 많은 도움이 된다는 걸 여러분도 이해해 주리라 믿습니다."

교황 레오 10세의 편지를 보면 당시 여전히 필사본 책이 인쇄본 책보다 더 높은 평가를 받고 있었다는 것을 알 수 있다. 하지만 곧 가격도 더 저렴하고 내용도 훨씬 정확한, 인쇄기로 제작된 책들이 나오기 시작했다. 이러한 인쇄본 도서는 가격과 정확성 면에서 필사본 책이 전혀 가질 수 없는 큰 이점을 가지고 있었다. 오랜 시간을 들여 손으로 일일이 베껴 써야만 만들 수 있었던 책을, 인쇄기를 통해 한 번에 수백 권씩 찍어 낼 수 있게 되면서 다양한 인쇄물들이 홍수처럼 흘러넘치게 되었다.

새로운 도서관들이 계속 세워지고, 그곳은 시대의 변화에 발맞춰 새롭게 선보인 인쇄본 책들로 채워지기 시작했다. 과거에는 큰 시설에 딸려 있는 건물이나 건물 내의 방 몇 개에 책을 보관하던 부설 도서관이 대부분이었지만, 이제는 별도의 독립된 건물을 도서관으로 사용하기 시작했다. 도서관의 중요성과 규모가 그만큼 커진 것이다.

책이 널리 보급되고 학문의 중요성이 커지면서 수많은 전문대와 종합대학교가 빠른 속도로 세워지기 시작했다. 그리고 새로운 대학이 들어설 때마다 도서관 건물도 함께 들어섰다. 바야흐로 도서관이 보편화되는 시대가 온 것이다.

옥스퍼드 대학교의 첫 번째 도서관

영국의 국왕 헨리 5세의 막내 동생인 험프리 공작은 1411년에 자신이 수집한 방대한 양의 필사본 책을 옥스퍼드 대학교에 기증했다. 대학 측은 도서관을 지어서 그가 기증한 책을 보관했다. 옥스퍼드 대학교에 처음으로 도서관이 세워진 것이다.

험프리 공작으로부터 책을 기증받기 전까지만 해도 옥스퍼드 대학교가 소장하고 있던 책은 얼마 되지 않았고, 그마저도 대부분을 상자에 넣은 뒤 자물쇠를 채워 보관했기 때문에 학생들과 교수들이 쉽게 이용할 수 없었다. 험프리 공작의 뜻깊은 선물로 옥스퍼드 대학교는 영국은 물론 유럽 전체에 영향을 미치는 학문의 중심지라는 명성을 얻게 되었다. 하지만 험프리 공작이 사망하자, 옥스퍼드 대학교는 도서관을 유지할 자금이 바닥나고 말았다. 도서관에 있던 험프리 공작의 책들은 도난당하거나 훼손되기 일쑤였고, 값비싼 양피지에 눈독을 들이던 제본업자들에게 팔리기도 했다.

마틴 루터의 종교 개혁으로 신교도 운동이 영국 전역을 휩쓸기 시작하자 도서관의 사정은 더욱 나빠졌다. 옥스퍼드 대학교에 남아 있는 로마 가톨릭교회의 흔적을 모두 없애 버리고자 했던 당시의 개신교 신자들에 의해 도서관에 남아 있던 험프리 공작의 책 중에서 단 한 권을 제외한 전부가 옥스퍼드 앞마당에서 불태워졌다는 이야기도 있다.

험프리 공작의 죽음은 그보다 훨씬 더 비극적이었다. 조카인 헨리 6세에 대한 반역을 모의했다는 혐의로 체포된 공작은 1447년 감옥에서 사망하고 말았다. 이후 옥스퍼드 대학교의 첫 번째 도서관은 문을 닫게 되었다.

지혜의 보물 창고, 도서관의 역사

옥스퍼드 대학교의
보들리언 도서관

현재 유럽에 있는 여러 위대한 도서관들이 바로 이 시기에 세워졌다. 영국 옥스퍼드 대학교의 도서관인 보들리언 도서관도 그중 하나다.

▲ 토머스 보들리 경

1602년에 세워진 보들리언 도서관의 이름은 옥스퍼드 대학교의 학생이었던 토마스 보들리 경의 이름을 따서 지은 것이다. 토마스 보들리 경은 오래전에 설립되었다가 도중에 문을 닫은 옥스퍼드 대학교의 도서관을 재건하기 위해 평생에 걸쳐 많은 노력을 기울였던 사람이다. 그는 학자이자 영국 정부를 위해 일하는 외교관으로서 유럽 전역을 두루 돌아다녔다. 그는 여러 나라에서 돈 많고, 영향력 있고, 교육도 잘 받은 사람들을 많이 만났다. 그때마다 보들리 경은 외교술을 발휘하여 그들이 옥스퍼드 대학교에 책을 기증하도록 설득했다. 이런 식으로 세계 여러 나라의 다양한 책을 수집한 보들리 경 덕분에 보들리언 도서관은 1613년 그가 사망할 때까지 무려 6천여 권에 이르는 책과 원고를 소장하게 되었다. 그중 대부분은 라틴어로 된 책이었으며, 그 밖에 그리스어, 히브리어, 아랍어, 터키어, 페르시아어로 된 책들도 있었다. 심지어 보들리 경은 아무도 이해하지 못하는 중국어로 된 책과 원고까지도 수집했다고 한다.

▲ 보들리언 도서관

▲ 보들리언 도서관의 열람실로 사용되고 있는 래드클리프 카메라. 영국 최초의 돔형 도서관이다.

그런데 이처럼 많은 책을 수집한 보들리 경이, 윌리엄 셰익스피어의 희곡이 너무 경박하다는 이유로 그의 작품 중 어떤 것도 자신의 도서관에 소장하기를 거부했다고 한다. 셰익스피어는 지금까지도 사람들에게 많은 사랑을 받고 있는 작가다. 그런 작가의 작품을 거부했다는 사실이 믿어지는가? 어쨌든 보들리 경의 강력한 반대 때문에 보들리언 도서관은 보들리 경이 사망한 후인 1635년에야 비로소 셰익스피어의 작품을 수집하기 시작했다. 현재 보들리언 도서관은 문학적 가치가 매우 큰 셰익스피어의 작품집을 소장하고 있는, 세계에서 몇 안 되는 도서관 중 하나라는 사실을 큰 자랑거리로 내세우고 있다.

다양한 고대어와 종교적 언어들로 쓰인 원고를 수집하는 데 쏟아 부은 보들리 경의 열정과 노력에 힘입어, 보들리언 도서관은 영국 도서관으로는 최초로 세계적인 명성을 얻게 되었다. 오늘날에도 많은 사람들이 보들리언 도서관을 세계에서 가장 뛰어난 대학 도서관으로 꼽고 있다고 한다. 보들리언 도서관은 현재 총 176킬로미터에 달하는 서가에 9백만 점에 달하는 자료(도서, 지도, 원고, 영상 및 오디오 자료 포함)를 소장하고 있다. 또한 보들리언 도서관은 건물이 웅장하고 아름다워서 영화감독들이 특히 좋아하는 장소로, 지금까지 여러 편의 영화에 그 모습을 드러냈다. 영화 〈해리 포터〉 시리즈에 나오는 호그와트 도서관의 배경이 되기도 했다.

대학 설립에 중요한 역할을 한
책 기부

　보들리 경이 보들리언 도서관을 세운 지 36년이 지난 후인 1638년, 미국의 매사추세츠 주 캠브리지에 살던 존 하버드라는 목사는 자신이 수집한 400권의 책을 캠브리지에 새로 문을 연 대학교에 기증했다. 당시 미국에서는 상당히 큰 규모의 개인 도서관을 만들 수 있는 엄청나게 많은 양의 책이었다. 대학교의 관계자들은 책을 기증해 준 하버드 목사를 기념하기 위해 대학교에 하버드 칼리지라는 이름을 붙였다. 이 대학이 바로 그 유명한 하버드 대학교다. 현재 하버드 대학교 도서관은 세계에서 가장 큰 학술 도서관으로 무려 1,200만 권이 넘는 많은 책을 소장하고 있다.

　그로부터 수십 년 후 미국 코네티컷 주의 교회 지도자 열 명은 그 지역에 대학이 들어서는 데 도움이 되고자 각자 자신들이 모은 책을 기부했다. 이 대학은 미국 최고의 대학교 중 한 곳인 예일 대학교이다. 그들은 가

지고 온 책을 탁자 위에 올려놓으며 이렇게 말했다고 한다.

"이 식민지 땅에 대학을 세우기 위해 소중한 나의 책들을 가져왔소."

요즘 사람들에게 몇 십 권, 몇 백 권의 책은 그다지 많지 않다고 느껴질 수도 있겠지만 당시에는 새로운 대학을 여는 데 매우 중요한 역할을 할 수 있는 분량이었다. 프린스턴 대학교의 초기 총장을 지낸 어느 학자는 대학 도서관의 책들을 다음과 같이 표현했다.

"대학에 있어서 책이란 가장 쓸모 있는 장식용 가구인 동시에, 기증받을 수 있는 가장 적절하고 가장 값어치 있는 물품이다."

유럽의 식민지였던 땅에 새로운 나라, 미국을 세우려고 했을 때 젊은이들은 직업 훈련을 받을 기회를 거의 가질 수 없었다. 이때 젊은이들을 교육시키는 중요한 역할을 떠맡은 곳이 바로 각 지역의 대학이었다. 각 대학의 도서관에서 미국 최초의 의사와 변호사, 사업가들이 실력을 갈고닦아 미국의 기초를 세우는 데 큰 공헌을 할 수 있었던 것이다. 대학을 세우는 데는 기증 받은 책들이 큰 역할을 했다. 그로부터 얼마 후, 책이 소수의 특권 계층만을 위한 것이 되어서는 안 된다는 생각이 널리 퍼지기 시작했다.

납본, 도서관과 국가의 기억

1610년 토머스 보들리 경은 영국의 모든 인쇄업자들이 소속되어 있던 '서적 출판업 조합'을 방문해서 보들리언 도서관이 영국에서 출간되는 모든 책을 한 부씩 납본 받도록 협상했다. 이것이 바로 현대 납본 제도의 시초라고 할 수 있다.

납본 제도란 발행인들이 책을 출간한 후 정해진 부수를 국립도서관에 제출하도록 법으로 정해 놓은 것이다. 우리나라는 국립중앙도서관과 국회도서관에 납본을 하고 있다. 이러한 납본 제도를 통해 각 나라의 국립도서관은 역사, 시와 소설, 기술적 또는 과학적 업적 등 다양한 분야에서 국민들의 삶을 풍부한 기록으로 남겨두고 있다. 즉, 납본은 국가의 기억을 보존하는 데 도움이 되는 것이다.

지혜의 보물 창고, 도서관의 역사

우리나라 도서관의 역사

◇ 삼국 시대의 도서관

우리 조상들은 언제부터 도서관을 만들어 책을 보관하기 시작했을까? 우리나라의 경우 고대 역사는 기록으로 전해지는 것이 없어서 정확한 시기는 알기 어렵다. 그러나 삼국 시대의 고구려나 신라, 백제에서는 많은 책을 만들었으며 중국에서도 수입해서 읽었다는 기록이 있다. 이를 바탕으로 삼국 시대에 이미 도서관의 기능을 하는 곳이 있었을 것이라 볼 수 있다.

고구려에는 소수림왕 때 귀족들만 다닐 수 있는 국립학교 '태학'이 설립되었고, 이후 지방에도 사립학교라고 할 수 있는 '경당'이 만들어졌다. 중국의 《구당서》라는 역사책에는 "고구려 사람들은 책을 좋아하며, 각기 네거리에 큰 집을 지어 이를 경당이라고 부르고, 가난해서 천한 일에 종사하는 집의 자제들까지도 밤낮으로 그곳에서 독서를 하거나 활쏘기를 배운다"라는 기록이 있다. 이것으로 미루어 경당은 평민들을 교육하는 기관이었고 도서관의 기능을 갖추고 있었다고 볼 수 있다. 경당에는 5경
●을 비롯한 중국의 여러 역사책이 있었다고 한다. 이적이라는 당나라 장군이 고구려를 점령한 후에 고구려의 모든 문물이 중국에 뒤처지지 않는

● 고대 중국의 교리를 기록한 다섯 가지 책으로 《역경》, 《서경》, 《시경》, 《예기》, 《춘추》를 일컫는다.

다는 사실을 알고는 고구려의 모든 서적을 평양에 모아 놓고 불태워 버렸다는 일화도 전해진다.

◇ **고려 시대의 도서관**

고려 시대에는 학문과 무예에 능한 사람을 시험으로 선발하는 과거제도가 시행되있다. 과거 시험을 준비하는 이들에게는 많은 책이 필요했다. 고려는 책을 많이 만들기도 했으며 동시에 중국의 서적도 열심히 수집했다.

고려가 제도를 정비하는 시기의 왕이었던 성종•은 학문을 좋아했다. 성종은 국가에서 필요한 서적을 만드는 비서성이라는 관청을 두었고, 궁궐 안에는 비서각이라는 도서관을 만들었다. 서경(지금의 평양)에는 수서원이라는 도서관을 두었다. 수서원에서는 서적을 수집하고 정리, 보존했는데, 우리나라 기록에 남아 있는 최초의 도서관이라 할 수 있다. 이후 몽골의 침략과 왜구의 노략질로 많은 책이 사라졌지만, 조선 초기까지 상당수가 전해졌다.

우리나라는 7~8세기경 중국을 통해 목판 인쇄술을 받아들였고, 세계에서 가장 오래된 목판 인쇄물인《무구정광대다라니경》을 남겼다.《무구정광대다라니경》은 신라의 수도였던 경주의 불국사 석가탑에서 발견된 두루마리 뭉치인데, 만들어진 시기는 정확히 알 수 없지만 당시 함께 발견된 유물 등으로 미루어 세계에서 가장 오래된 목판 인쇄물로 여겨진다.

● 고려 제6대 왕, 재위는 981년부터 997년까지이다.

지혜의 보물 창고, 도서관의 역사

이런 목판 인쇄술은 고려 시대에도 이어졌다. 고려의 대표적인 목판 인쇄물은《고려대장경》이다. 고려 시대에는 불교를 나라의 종교로 삼았으며 많은 불경을 펴내고 보관했다. 나라에서 관리하는 국가사찰에는 불교 관련 책을 만들고 보관하는 경판각이나 장경각을 두었다. 해인사나 흥왕사 등이 바로 불경을 찍어내고 도서관을 두어 불경을 보관했던 사찰이다.

▲ 합천 해인사 장경판전

▲ 장경판전 내부, 고려대장경판

합천 해인사의 장경판전●●에는 고려대장경판이 지금까지도 보관되어 있다. 고려대장경판은 경전을 새겨 넣은 경판의 개수가 8만여 장이라 팔만대장경이라고도 불린다. 합천 해인사 장경판전은 국보이면서 유네스코 세계문화유산으로 등록되어 있고, 팔만대장경은 세계문화유산으로 지정되어 있다. 대장경판을 통

●● 고려 시대에 만들어진 8만여 장의 대장경판을 보관하고 있는 건물로, 해인사에 남아 있는 건물 중 가장 오래되었다.

해 고려 시대에 목판 인쇄술이 최고 수준이었다는 것을 알 수 있다. 그러나 목판은 나무로 만들었기 때문에 불에 약했고, 12세기에 일어난 반란과 외적의 침입으로 모두 불타 버렸다. 그래서 학자들은 불에 타지 않는 활자를 만들었는데 이것이 금속활자이다. 우리나라에서는 세계 최초의 금속활자를 만들었고, 금속활자로 인쇄한《직지심체요절》이 프랑스 국립도서관에 보관되어 있다.

◇ 조선 시대의 도서관, 세계기록유산과 사고

조선 시대의 기록물인《조선왕조실록》과《승정원일기》,《조선왕조 의궤》는 유네스코에서 선정한 세계기록유산이다. 우리 조상들은 문자로 기록을 남기는 것을 매우 중요시했다. 기록을 남겨 오늘을 되돌아보고, 후대에 교훈으로 삼으라는 뜻이었을 것이다. 물론 기록물을 소중히 보관하는 일도 게을리 하지 않았다.

《조선왕조실록》은 조선 왕들의 업적과 말을 기록한 것으로, 한 왕조의 역사적 기록으로는 전 세계에서 가장 오랜 세월에 걸쳐 만들어진 것이다. 실록은 지금까지 안전하게 잘 보존됐는데 그 이유는 사고●를 지어 보관했기 때문이다.

조선왕조 초기에는 서울의 춘추관사고와 충주의 실록보관소가 있었

● 역사 기록과 국가적으로 중요한 서적과 문서를 보관하던 창고. 즉, 도서관의 일부 기능을 담당하던 곳이다.

다. 그러다 1439년, 세종대왕 때 사고 두 개로는 실록을 안전하게 보관하기 어렵다고 판단해 성주와 전주에 사고를 추가로 설치해 총 네 군데 사고에 왕실의 중요 기록과 실록을 보관했다. 그리

▲ 2003년 복원한 강화도 외규장각

고 1592년 임진왜란 때 전주의 사고를 뺀 나머지 사고가 불타 버렸다. 지금까지 전해지는 실록은 전주 사고에 보관하고 있던 것들이다. 임진왜란 후에는 평안북도 묘향산, 강원도 오대산과 태백산, 무주 적상산, 강화도 정족산에 사고를 만들어 실록을 비롯한 귀중한 역사 기록을 나눠서 보관에 안전을 기했다.

《승정원일기》는 왕명의 출납을 맡아보던 승정원이라는 관청에서 편찬한 일기로, 국보로 지정되어 현재 서울대학교 규장각에 소장되어 있다. 왕실과 국가의 중요 행사를 글과 그림으로 기록한 《조선왕조 의궤》는 궁궐 내의 규장각과 강화도의 외규장각 왕실 관련 서적의 보관을 위해 정조가 강화도에 세운 규장각에 보관했다. 외규장각에는 임금이 직접 보는 어람용 의궤 300여 권을 보관했는데, 1866년 병인양요● 때 강화도에 쳐들

● 고종의 아버지인 흥선대원군이 가톨릭교를 탄압한 사건을 발단으로 1866년에 프랑스 함대가 강화도를 침범한 사건이다.

사육신 사건 ━━━━━━

446년에 성삼문, 박팽년, 하위지, 이
개, 유성원, 유응부 등 여섯 명이 세조
의 왕권 강화 정책에 반발해 단종의 복
위를 명분으로 세조를 왕위에서 몰아
내고자 한 사건이다. 이 사건으로 여섯
명은 참혹한 죽임을 당했고, 세조는 이
사건이 집현전 학자들과 연관 있다고
생각해 집현전을 없애 버렸다.

━━━━━━

어온 프랑스군이 이를 훔쳐 가는 안타까
운 일도 있었다.

◇ 조선 시대의 도서관, 집현전과 홍문관, 규장각

기록을 중시하고 학문을 숭상했던 조선
에는 사고 외에도 도서관 기능을 담당하
는 기관으로 집현전과 홍문관, 그리고 규장각이 있었다. 집현전은 세종대
왕이 학자들을 위해 모은 많은 책을 보관했던 곳이다. 홍문관은 유교 경
전과 역사 기록물을 관리했던 곳이고, 규장각은 1776년 조선의 22대 왕
인 정조가 궁궐 내에 설치한 최초의 국립도서관이라 할 수 있다.

집현전은 고려 시대에는 별다른 기능을 하지 못하고 있었는데, 세종대
왕이 1420년에 인재를 양성하고 학문을 부흥하려는 목적으로 새롭게 설
치했다. 이후 세조 때 사육신 사건을 계기로 없어질 때까지 집현전은 조
선 초기 유교 문화를 발전시키는 데 매우 중요한 역할을 했다. 집현전은
학문 연구기관이었지만 도서관의 기능도 했다. 무엇보다도 우리나라와
중국의 각종 도서를 편찬하고 해석했으며, 《훈민정음》창제에 크게 이바
지했다. 그리고 이를 널리 보급하기 위해 여러 책을 만들어 냈다.

집현전이 없어진 후 세조는 홍문관을 만들었다. 홍문관은 왕의 질문에
답을 하는 곳으로, 왕이 물어보는 내용에 관해 제대로 답하고자 참고하기

위한 각종 책과 자료를 보관했다. 홍문관은 있던 책을 베껴 사본을 만들거나, 외국에서 사들이거나, 납본을 받는 방식으로 책을 모았다. 원칙적으로 홍문관의 책은 궁궐 밖으로 가지고 나갈 수 없었지만, 왕의 명령이 있으면 조사나 편찬을 위해 책을 빌려주었다.

규장각은 국왕의 글, 그림, 왕의 계보 및 각종 문서 등 귀중한 자료를 보관하고 관리하던 곳으로, 국립도서관과 같은 기능을 했다. 어릴 때부터 책을 즐겨 읽었던 정조는 즉위하자마자 창덕궁 북쪽에 새로 건물을 지어 규장각을 설립한 다음, 학식 높은 관리들을 배치하고 다양한 서적을 들여놓았다. 규장각은 일제 강점기 때 폐쇄되었고, 도서들은 1928년부터 1930

▲ 창덕궁 책고

년 사이에 경성제국대학으로 옮겨졌다가 1945년 해방과 함께 서울대학교 도서관으로 다시 옮겨졌다. 현재는 규장각한국학연구원에서 규장각 도서 약 15만 권을 비롯한 32만 여종의 자료들을 보관하고 있다. 규장각 자료는 소중한 우리의 문화유산으로 국보 9종, 보물 26종이 지정되어 있다.

집현전과 규장각은 단순히 도서를 모아둔 곳이 아니라 학문을 연구하고 책을 펴내는 기관으로 세종과 정조 때에는 학문과 예술을 발전시키는 역할을 담당했다. 조선 시대 궁궐인 창덕궁에는 규장각에서 책을 보관하던 책고*가 아직 남아 있다.

그러나 왕조실록을 보관했던 사고나 규장각은 일반 백성들이 쉽게 이용할 수 있는 도서관은 아니었다. 대신에 전국에 널리 퍼져 있던 향교와 서원이 도서관 역할을 했다. 향교와 서원은 학교 역할을 하는 곳이었는데, 향교보다는 서원에 더 많은 책이 있었다. 서원에는 작은 도서관이 딸려 있었고 여기에는 지방 유력자가 기증한 책, 왕이 하사한 책, 돈을 주고

● 책고(冊庫)는 책을 의미하는 한자인 '책(冊)'자와 창고를 의미하는 '고(庫)'자가 합쳐진 말로, 책을 보관하는 창고란 뜻이다.

지혜의 보물 창고, 도서관의 역사

사들인 책이 있었다. 때로는 서원에서 직접 책을 만들기도 했다.

◇ 근대의 도서관

1895년 개화사상가 유길준은 《서유견문》이라는 책에서 도서관을 '다양한 책을 보관하고 읽게 하여 세상에 무식한 사람을 없애는 곳'이라고 소개했다. 근대적 의미의 도서관은 바로 이때부터 우리나라에 소개되고 만들어지기 시작되었다고 할 수 있다.

1906년 서울에 최초의 국립도서관인 '대한도서관'을 설립하려고 했던 운동이 있었다. 이 운동은 애국 운동으로 시작되었다. 당시 외국 세력이 몰려오면서 나라의 운명이 위태로워지자 지식인들은 국가가 독립을 유지하기 위해서는 국민이 깨어나야 한다고 생각했다. 즉 국민이 학문을 배우고 익혀야 하며, 이를 위해서는 책과 도서관이 필요해진 것이다.

처음에 몇몇 지식인들의 주도로 세워진 대한도서관은 1910년에 국립도서관으로 문을 열 모든 준비를 마쳤지만, 바로 그해 대한제국이 일본에 합병되면서 조선총독부에 몰수되고 말았다. 1911년 5월 몰수된 책이 10만여 권에 달했다. 비록 문을 열지는 못했지만, 대한도서관은 우리나라에서 처음으로 만들려고 했던 국립도서관이었다. 또한 1906년 진문옥, 곽용순 등이 평양에 세운 '대동서관'은 우리나라 최초의 사립 공공도서관으로 무료로 이용할 수 있었다고 한다.

4장

새로운 세상으로

신대륙, 신세계 미국의
도서관 역사

콜럼버스가 신대륙을 발견한 이후, 신대륙으로 이주해 갔던 유럽인들은 새로운 나라를 건설하고자 했다. 그중 하나가 바로 오늘날의 미국이다. 미국은 1776년 독립을 선언했고, 1783년에는 파리 조약으로 미국의 독립이 승인되었다.

벤저민 프랭클린은 미국의 위대한 정치가이자 발명가인 동시에, 미국 독립선언문의 기초를 작성하고 서명한 미국 건국의 아버지라고 불리는 사람이다. 프랭클린은 좋은 책을 가까이 하는 것이 매우 중요하다고 생각했다. 그는 독서는 지혜를 향해 열려 있는, 결코 닫히지 않는 문과 같다고 생각했다. 특히 도서관을 '미국의 13개 식민지 주에 사는 장사꾼과 농부들을 다른 어느 나라의 신사 못지않은 지적인 사람으로 만들어 주는 곳'이라고 표현하기도 했다.

독립선언문

1775년에 벤저민 프랭클린, 존 애덤스 등 다섯 명이 독립선언문의 초안을 작성했다. 이후 1776년 7월 4일 영국의 식민지였던 미국의 13개 주가 모여 필라델피아에서 독립을 선언했는데, 이 사건이 독립선언문에 기록되어 있다.

하지만 벤저민 프랭클린이 살았던 1700

년대 미국에서는 책을 구하기가 하늘의 별 따기 만큼 어려웠다. 인쇄소가 극히 드물었기 때문에 책은 구경하기도 매우 어려웠고, 그 가격 또한 무척 비쌌다. 시민들에게 책을 빌려 주는 공공도서관도 물론 없었다. 많은 돈을 지불하고 영국에서 책을 주문할 수 있는 부자를 제외하고, 대부

전토(Junto)

'모임'이라는 뜻의 스페인어 훈따(junta)에서 이름을 따왔다. 1727년 필라델피아에서 벤저민 프랭클린이 설립했으며 12명의 회원으로 시작했다. 회원들은 도덕, 정치, 자연 철학에 관해 토론하고 비즈니스 관련 지식을 교환했다.

분의 사람들에게는 영국에서 미국 대륙으로 처음 건너올 당시 가지고 왔던 몇 권 안 되는 책이 전부였다.

프랭클린은 사람들이 좀 더 많은 책을 읽을 수 있는 방법에 대해 고민했다. 그러던 어느 날 그에게 좋은 생각이 한 가지 떠올랐다. 그동안 자신이 수집한 책과 다른 사람들이 가지고 있는 책을 한자리에 모으는 것이었다. 우선 프랭클린은 자신이 설립한 토론 클럽인 '전토'의 회원들에게 각자 가지고 있는 책을 만날 수 있는 중간 지점에 모아 두자고 제안했다. 그렇게 하면 일종의 '작은 도서관'이 생겨서, 회원들이 그곳에서 자신의 책은

라틴 아메리카의 도서관

라틴 아메리카 국가에는 신세계에 속하는 그 밖의 다른 지역들보다 훨씬 빠르게 도서관이 세워졌다. 1500년대에 스페인은 브라질을 제외한 멕시코, 과테말라, 페루 등의 중남아메리카 국가들을 정복하고 식민지로 삼았다. 스페인의 정복자들과 선교사들은 독서를 아주 중요하게 생각했고 식민지로 많은 책을 들여갔다. 1535년에 제1대 멕시코 총독으로 임명된 안토니오 데 멘도사는 바다를 건너 스페인에서 멕시코로 인쇄기를 통째로 가져올 정도였다. 바로 그 다음 해에 라틴어 책을 스페인어로 옮긴 신세계 최초의 인쇄본 도서가 출간되었다. 이후 북아메리카의 식민지들이 인쇄술이라는 새로운 기술을 받아들이기까지의 수십 년 동안 멕시코는 신세계에서 유일하게 책을 인쇄할 수 있었던 곳이다.

물론이고 다른 회원들의 책도 볼 수 있었다. 결국 회원 한 사람, 한 사람이 작은 도서관의 주인이 되는 셈이었다. 회원들도 모두 좋은 생각이라고 생각했고, 도서관은 성공적으로 운영되는 듯했다.

하지만 프랭클린의 전토 도서관은 아쉽게도 그리 오래 가지 못했다. 대부분의 회원들이 필요할 때 바로 책을 볼 수 없다는 점 때문에 이 방법을 무척 불편하게 여겼다. 하지만 전토 도서관의 시도는 헛되지 않았다. 프랭클린의 마음속에는 많은 사람들의 편의를 위해 개개인의 자원을 투자하고, 그것을 공동으로 이용하고 관리하는 방법을 책에도 응용해야겠다는 계획이 자리 잡게 되었다. 얼마 후 프랭클린은 이런 글을 썼다.

"내 첫 번째 프로젝트를 이제 실행에 옮기고자 한다. 바로 공공사업의 성격을 띠고 있는 회원제 도서관이다."

미국 최초의 회원제 도서관

1731년에 프랭클린과 그의 친구들은 미국 최초의 회원제 도서관인 '필라델피아 도서관 조합'을 설립했다. 이 도서관은 회원들이 내는 회비로 운영되었다. 도서관 조합에서는 회원들에게 걷은 회비로 책을 구입했고, 회원들은 책을 무료로 빌려 볼 수 있었다. 프랭클린과 친구들이 설립한 도서관 조합의 초창기 회원이었던 50명은 처음 가입할 때 회비를 40실링씩 냈고, 그 후로는 1년에 10실링씩 연회비를 지불했다. 당시 40실링이라는 돈은 선원의 두 달 치 월급에 해당하는 금액이었고, 연회비 10실링은 특별한 훈련을 받지 않은 노동자의 일주일치 급료보다 조금 많았다. 프랭클린은 회원들의 회비로 영국에서 책과 잡지를 주문했고, 직접 유럽에 방문했을 때 다양한 책을 구입해 오기도 했다. 이렇게 사들인 책은 펜실베이니아 주 의사당(오늘날 독립기념관)에 보관해 두고 도서관 회원들이 자유롭게 빌려 볼 수 있

실링
영국에서는 과거에 사용되던 화폐 단위이다. 현재 영국에서는 파운드(£)가, 미국에서는 달러($)가 사용된다.

도록 했다.

　프랭클린은 자신이 세운 필라델피아 도서관 조합을 가리켜 "북아메리카 지역에 있는 회원제 도서관들의 모태"라고 했다. 이는 어느 정도 맞는 말이다. 필라델피아 도서관 조합이 세워진 이후에 미국의 13개 식민지 주 전역과 보스턴, 뉴욕, 로드아일랜드 등 주요 식민 도시에 '회원제를 바탕으로 한 대출 도서관'들이 들어서기 시작했기 때문이다. 미국 독립 혁명이 시작된 1775년까지 회원제 도서관은 미국 전역에 수십 개가 넘게 세워졌다. 농부에서 상인에 이르는 다양한 계층의 사람들이 회원제 도서관에 가입했고, 도서관에서는 소설과 전기, 역사책 같은 대중적인 책은 물론이고 건축, 농경, 법률 등을 다룬 실용적인 내용의 책도 두루 빌려 볼 수 있었다. 심지어는 예절과 신사적 행동에 관한 책도 빌려 볼 수 있었다.

　현재 필라델피아 시에서는 프랭클린에 의해 최초로 도입된, 회원제 도서관 방식을 토대로 한 근대적 공공도서관 시스템을 운영하고 있다고 한다.

지혜의 보물 창고, 도서관의 역사

시민들의 궁전

북아메리카 주요 도시에 있는 도서관 중에서 최초로 시민들의 후원을 받아 운영된 곳은 미국 매사추세츠 주에 있는 보스턴 공공도서관이다. 보스턴 공공도서관은 1854년, 한때 학교 건물이었던 건물 1층에 있는 두 개교실에서 운영되기 시작했다. 수많은 책과 기금을 기부한 시민들의 후원에 힘입어 보스턴 공공도서관은 빠르게 발전했고, 곧 세계 최고 규모의 대출용 도서를 소장한 도서관으로 성장했다.

1880년대에는 보스턴 시의회가 보스턴 공공도서관을 보스턴 시의 명예를 높이는 데 큰 공헌을 한 주요 시설로 인정하여, 도서관 건물을 새로 짓기로 결정했다. 건축가 찰스 맥킴은 이탈리아 르네상스 시대의 궁전을 본떠 화려하고 웅장한 새 도서관 건물을 지었다. 도서관의 정문 입구 위쪽에는 맥킴이 새겨 넣은 "보스턴 시민들에 의해 지어졌으며, 학문의 발전을 위해 바친다"라는 글귀가 도서관을 찾는 시민과 방문객들을 내려다

보고 있다.

새로 지은 보스턴 공공도서관 건물에는 당시로서 획기적인 요소가 많았다. 신문이나 잡지 같은 미디어 자료를 따로 모아 놓은 뉴스페이퍼 룸이 있었고, 공공도서관 최초의 어린이 전용실도 있었다. 이처럼 보스턴 도서관은 진보적인 아이디어로 도서관 시스템을 개발하는 데 있어 선구적인 역할을 하며 전 세계적인 명성을 얻었다.

지금도 중앙 도서관 일부는 미국 보스턴의 코플리 광장에 위풍당당하게 서 있는 맥킴 건물에 있다. 이는 대규모인 보스턴 공공도서관 시스템의 일부일 뿐이다. 보스턴 공공도서관은 총 26개의 독립된 분관 시설을 통해 매년 2백만 명이 넘는 시민과 후원자들에게 서비스를 제공하고 있다.

책의 대중화로 다양해진
도서관의 역할

당시 모든 사람들이 회원제 도서관을 쉽게 이용할 수 있었던 것은 아니다. 누구나 도서관 연회비를 낼 수 있을 만큼 경제적인 여유가 있던 것은 아니기 때문이다. 회원제 도서관을 이용하지 못하는 사람들을 위해 상점 주인들은 도서 대여업을 시작했다. 가게에서 돈을 받고 책을 빌려 주는 것이다. 문구점이나 옷 가게 주인들은 가게 안에 책꽂이를 두고, 가게를 찾는 손님들이 읽고 싶어 하는 책을 비교적 저렴한 금액으로 빌려주었다. 도서 대여업은 상점 주인들에게 새로운 이익을 가져다주었다. 책을 들여놓은 후에는 전보다 더 많은 손님들이 가게를 찾아와 장사에도 큰 도움이 되었다.

같은 시기, 새롭게 자리 잡은 민주주의 사회에서 도서관이 중요한 역할을 담당한다는 생각이 널리 퍼지기 시작했다. 도서관을 후원하는 사람들은 도서관이 시민들로 하여금 고상하고 차분한 습관을 갖는 데 도움을 줄 것이며 지식을 널리 퍼뜨리는 역할을 할 것이라 믿었다.

또한 도서관이 시민들의 지적 욕구를 자극하고 과학적인 역량을 향상시키는 데에도 도움이 될 것이라고 생각했다. 정규 교육을 받을 기회가 없었던 농부나 노동자들이 도서관에서 새로운 기술을 익히는 데 필요한 지식을 얻을 수 있고, 그럼으로써 더욱 훌륭하고 모범적인 시민으로 거듭날 수 있을 것이라고 기대했다.

텔레비전이나 라디오, 그리고 영화가 발명되기 전까지 도서관은 도박이나 음주 같은 해로운 오락을 대신하는, 시민들의 건전한 여가 활동의 장소로 환영받고 널리 권장되었다.

개인의 발전을 위한 책 읽기

경제적으로 어려운 환경에 있는 사람들이 발전하는 데 도서관이 큰 도움이 될 것이라는 생각은, 곧 '기계공 협회' 모임의 설립으로 이어졌다. 기계공 협회는 노동자들, 그 중에서도 특히 기계공이라고 불렸던 공장 노동자들과 상인, 그리고 수습공들을 위해 만들어진 조직이었다. 기계공 협회는 각기 다른 분야에서 일하는 노동자들이 한자리에 모여 서로 지식과 정보를 주고받을 수 있는 자리를 만들기 위해 설립되었다. 이 협회는 회원들에게 책을 볼 수 있는 기회를 제공하고, 소규모 전시회나 강연을 열기도 했으며, 때로는 노동자들이 기술 훈련을 받을 수 있는 기회를 제공했다.

프랭클린 연구소
미국 펜실베이니아 주 필라델피아에 있는 과학박물관이다. 1824년 설립되어 미국에서 가장 오래된 과학 교육 및 개발 센터 중 하나이다. 현 과학박물관 건물은 1934년 문을 열었다.

▲ 필라델피아의 프랭클린 연구소

사실 기계공 협회는 노동자들의 교육 문제를 해결하기 위해 영국에서 시작된 노동 운동에 그 뿌리를 둔 단체였다. 1820년대에서 1860년대 사이에 영국과 미국, 캐나다에서는 노동자들을 위한 수백 개의 협회가 앞다투어 활동을 시작했다. 특히 기계공 협회는 필라델피아, 볼티모어, 세인트존스, 뉴파운드랜드, 토론토를 비롯한 수많은 대도시를 중심으로 결성되었

도서관에서의 남녀 평등

북아메리카 지역의 도서관 최초의 여성 직원은 1856년 보스턴 애서니엄 (athenaeum) 도서관에 채용된 A. B. 한든이다. 이는 그야말로 역사적 사건이었다. 당시 도서관에 여성을 고용한다는 것은 상상하기 힘든 일이었기 때문이다. 당시 사람들은 도서관에 낯부끄럽고 선정적인 내용의 순수문학 작품도 있기 때문에 여자들이 도서관에 있으면 점잖은 신사들이 책을 읽다가 당황하는 경우가 생길 수도 있다고 생각했다.

1850년대가 되자 드디어 세상이 변하기 시작했다. 여성들은 교육을 받을 수 있는 권리, 그리고 필요한 능력과 자격만 있으면 원하는 곳에서 일할 수 있는 자유를 달라고 요구했다. 처음에는 반대하는 사람도 많았지만, 곧 전반적인 사회 분위기가 여성의 사회 활동을 인정하는 방향으로 흘러가자 '행실이 바르고 얌전한' 여성이라면 도서관 사서라는 직업에 어울릴 수도 있겠다고 생각하는 사람들이 많아졌다.

여성이 도서관에서 일할 수 있게 되었다고 해서 모든 문제가 해결된 것은 아니었다. 여성 직원들은 똑같은 업무를 하는 동료 남자 직원들에 비해 터무니없이 적은 월급을 받으며 일했다. 시간이 지나며 여성들의 노고가 조금씩이나마 인정을 받았지만, 여성들에게는 아직도 헤쳐 나가야 할 장애물이 많았다.

1887년 미국 도서관 협회의 초대 회장은 영국의 사서들이 모인 자리에서 연설을 하다가 다음과 같은 말을 했다. "여성 직원들은 도서관의 분위기를 부드럽게 만들고, 남자들의 업무 부담도 덜어 줍니다. 여자도 남자처럼 도서관 업무를 잘 해낼 수 있습니다. 여성 직원을 채용하는 데는 훨씬 적은 비용이 들어가니 얼마나 경제적입니까. 같은 액수의 월급을 받는 직원들을 비교했을 때, 여성 직원이 남성 직원보다 훨씬 더 뛰어납니다."

다행스럽게도 여성을 대하는 이런 어처구니없는 태도는 이제 옛말이 되었다. 지금은 여성과 남성이 전보다 동등한 기회를 누리면서 협력하는 시대가 되었다.

다. 이중에서 필라델피아의 기계공 협회는 '프랭클린 연구소'라는 이름으로 지금도 남아있다.

기계공 협회의 도서관을 공공도서관이라고 하기는 어려웠다. 왜냐하면 지역의 모든 시민들에게 개방하던 곳은 아니었기 때문이다. 하지만 당시 북아메리카 지역의 노동자들이 체계적인 교육을 받을 수 있는 곳은 기계공 협회밖에 없었다.

앤드류 카네기의 성공 비결, 도서관에서 책 읽기

기계공 협회 덕분에 고된 노동에 시달리던 수많은 시민이 출세와 성공의 꿈을 이룰 수 있었다. 1847년에 펜실베이니아 주의 피츠버그로 이민을 온 스코틀랜드 출신의 한 10대 소년도 기계공 협회의 도움을 받아 크게 성공했다. 바로 앤드류 카네기다.

펜실베이니아 철도 회사의 전신 기사이자 사무원으로 일하던 앤드류 카네기는 회사 가까운 곳에 있던 기계공과 수습공들을 위한 도서관에 자주 가서 얼마 안 되는 그곳의 책들을 읽고 또 읽었다. 그리고 친구들과 함께 책에 대한 토론을 하곤 했다. 카네기는 열심히 일하고 꾸준히 공부한 결과 철강 산업으로 성공해서 세계 최고의 부자가 되었다. 그는 어릴 때 틈 날 때마다 찾아갔던 그 작은 도서관으로 인해 자신의 인생이 얼마나 풍요로워졌는지를 한순간도 잊은 적이 없었다. 그는 어린 시절 자신이 자주 갔던 도서관에 대해 이렇게 말했다.

"그곳으로 인해 비로소 나는 이 세상의 지적인 풍요로움에 눈을 뜨게 되었습니다."

카네기는 어려운 집안 형편 때문에 열두 살의 어린 나이에 일을 시작했다. 학교에 갈 시간이 없던 카네기는 제대로 된 교육을 받지 못했다. 하지만 기계공 협회의 도서관에서는 자기계발을 위한 공부를 마음껏 할 수 있었고, 비용도 전혀 들지 않았다.

그래서 카네기는 도서관 이용자들에게 연회비를 걷기로 한 도서관의 결정에 무척 반대했다. 가난했던 어린 시절에 기계공 협회의 도움으로 책을 무료로 읽을 수 있었고, 이를 바탕으로 꿈을 키울 수 있었기 때문이다. 그는 도서관 측이 연회비에 대한 결정을 철회하도록 열심히 싸웠다. 도서관 사서들을 개인적으로 만나 설득했고, 자신이 도서관 연회비에 반대하는 이유를 글로 써서 지역 신문에 투고하기도 했다. 결국 도서관 연회비는 없던 일이 되었다.

앤드류 카네기의 기부와 공공도서관의 증가

이처럼 도서관과 작은 충돌이 있었던 카네기는 잊을 수 없는 교훈을 하나 얻었다. 도서관이나 박물관, 미술관처럼 시민들의 후원으로 유지되는 시설이 얼마나 중요한지를 깨달은 것이다. 그는 이렇게 말했다.

"지역 사회에 봉사할 수 있는 최고의 방법은 시민들의 손이 닿는 범위 안에 사다리를 놓아두는 것이다. 그리고 시민들 스스로 그 사다리를 통해 원하는 만큼 높이 올라가도록 하는 것이다."

1901년에 자신이 세운 철강 회사를 팔고 은퇴한 카네기는 '사다리'를 놓기 위해 자신의 모든 것을 바치기 시작했다. 그는 영어를 사용하는 나라에 무료 공공도서관을 세우기 위해 수백만 달러의 거금을 기부했다. 카네기는 총 재산의 80퍼센트에 해당하는 30억 달러를 기부해 2천 개가 넘는 공공도서관을 세웠다. 그는 자신이 공공도서관의 보급을 위해 아낌없이 기부하고 노력하는 이유를 다음과 같이 설명했다.

"나는 사람들에게 발전할 수 있는 기회를 주는 방법으로 무료 도서관을 선택했습니다. 스스로 노력하는 자만이 도움의 손길을 받을 수 있기 때문입니다. 도서관은 꿈을 가진 이들의 손을 잡아 이끌어 주며, 그들에게 책 속에 펼쳐져 있는 아름다운 보물의 세계를 보여 줍니다."

카네기가 세운 도서관 정면에는 깨달음을 상징하는 가로등 기둥을 설치하도록 설계되었다. 그리고 분관 도서관 문에는 '빛이 있으리라'는 글귀가 새겨져 있었다.

다양한 도서관의 등장

앤드류 카네기의 노력으로 도서관은 역사적으로 두 번째 황금기를 맞이했다. 시민들의 다양한 요구에 따라 여러 유형의 도서관들이 생겨나기 시작했다. 공공도서관을 외에도 국립도서관, 학교 도서관, 전문 도서관, 학술 도서관 등이 세워졌다.

특히 전문 도서관은 의학이나 법학 서적처럼 일반적인 도서관에서 흔

책 분류와 듀이의 십진분류법

사서들은 수 세기에 걸쳐 도서관에 있는 수많은 책들을 찾아보기 쉽게 분류하는 방법에 대해 고민해 왔다. '지혜의 집'을 비롯한 이슬람의 도서관들은 매우 간단하게 책을 분류했다. 가장 고귀한 내용의 책들을 제일 앞에 두고, 나머지 책들은 그 다음에 차례로 두는 방식이었다. 종교에 관한 책들이 가장 고귀한 책으로 분류되었고, 그다음으로는 문학과 역사, 이어서 의학이나 수학 같은 주제의 책들이 분류되었다. 그 중에서도 이슬람 경전인 《꾸란》을 가장 많이 언급하고 있는 책들이 가장 앞자리를 차지했다. 가톨릭 수도원 도서관에서 사용하던 도서 분류 방식도 이와 비슷했다. 가톨릭에서 가장 중요한 책은 《성경》이므로 《성경》을 가장 첫 번째로 분류했다. 그리고 초기 교회 지도자들의 저작물, 《성경》을 분석한 연구서, 성인들의 삶을 다룬 이야기, 그리고 세속(비기독교) 문학이 분류되었다.

도서관에 새로운 책들이 점점 쌓이면서 장서의 규모가 커지자 많은 책을 보다 더 효과적으로 분류하고 정리할 수 있는 시스템이 절실히 필요해졌다. 1876년에 도서관 보조 사서로 일하던 멜빌 듀이는 각각의 책에 다양한 학문 분야를 의미하는 고유 번호를 매기는 방법을 생각해 냈다. 오늘날 이 분류법을 '듀이의 십진분류법'이라 한다.

십진분류법은 먼저 모든 책을 열 개의 큰 묶음으로 나눈다. 예를 들어 종교에 관한 책은 200과 299 사이의 번호를 부여받고, 지리와 역사를 다룬 책은 900과 999 사이의 번호를 받는다. 그리고 더 세부적으로 나누는데, 역사책(900~999) 중에서도 '고대 역사'에 관한 책은 다시 930부터 939

사이의 번호를 받는 식이다.

주제가 세분화될 때마다 '듀이의 번호', 즉 각각의 책에 지정되는 번호도 같이 세분화된다. 책의 주제가 하위 그룹으로 나뉘면, 그때마다 소수점 아래로 숫자가 더해진다.

▲ 국내 최초의 현대적 도서 분류표 《조선십진분류표》의 동서도서분류표 (1947, 국립도서관)

십진분류법의 장점은 같은 주제의 책들을 모아둔다는 점이다. 만약 고대 이집트 관련 도서가 필요하다면 932번 서가로 가서 서가를 둘러보기만 하면 된다. 그 번호 안에 고대 이집트에 관한 책들이 모두 있기 때문이다.

오늘날 많은 도서관들이 듀이의 십진분류법을 이용하지만, 듀이의 십진분류법이 유일한 도서 분류법은 아니다. 미국의 대학교 도서관이나 학술 도서관처럼 규모가 큰 도서관에서는 훨씬 더 구체적인 '미국 의회 도서관 분류법'을 사용하기도 하고, 과학 도서관이나 기술 도서관 같은 곳은 일반 십진분류법을 선호하기도 한다.

국가 고유의 도서 분류법을 가지고 있는 나라들도 꽤 있다. 한국에서는 한국십진분류표(KDC)를 주로 사용하는데, 주요 분류는 다음과 같다.

000-총류, 100-철학, 200-종교, 300-사회과학, 400-자연과학, 500-기술과학, 600-예술, 700-언어, 800-문학, 900-역사

히 찾아볼 수 없는 특정 분야의 전문 자료들이 소장되어 있는 곳이다. 이런 전문 도서관은 병원이나 박물관 같은 특정 기관의 부속 시설인 경우가 많았으나, 기업이나 개인의 소유이기도 했다.

예를 들어 미국의 음악 전문 방송국인 MTV에는 각종 음악과 뮤직비디오 등 수백만 점의 음악 관련 자료가 소장된 전문 도서관이 있다. 또한 캐나다 토론토에 있는 아이스하키 명예의 전당에서는 아이스하키 선수들에 관한 정보는 물론이고 무려 1902년 스탠리컵 일정표부터 찾아볼 수 있다.

나라의 도서관, 국립도서관

국립도서관은 그 나라에서 사용하는 문자로 작성된 모든 기록물을 수집, 보존하고 있다. 거의 모든 나라에 국립도서관이 있다. 영국의 국립도서관과 프랑스의 국립도서관은 가장 방대한 자료를 수장하고 있는 것으로 유명하다. 수백 년 동안의 자료를 고스란히 보존하고 있는 도서관들은 그 자체가 한 나라의 대체할 수 없는 역사적 기록이라고 할 수 있다.

한편 비교적 짧은 역사를 지녔지만 가치 있는 자료들을 많이 소장하고 있는 국립도서관도 있다. 바로 세계에서 가장 큰 국립도서관인 미국 의회 도서관이다. 1800년, 미국의 3대 대통령이었던 토머스 제퍼슨은 개인 도서관에 소장하던 6천 권의 책을 미국 국회의원들이 이용할 수 있도록 미국 정부에 팔았다. 미국 의회 도서관은 이 책들을 기초로 세워진 것이다. 현재 미국 의회 도서관에는 책과 지도, 사진 자료, 필름, 음반을 포함해 2018년 기준 약 1억 6천7백만 점의 어마어마한 자료가 소장되어 있다. 미국 의회 도서관 역시 다른 나라의 국립도서관들과 마

▲ 미국 의회 도서관

▲ 국립중앙도서관

찬가지로 도서관 이용자들이 소장 자료를 보다 더 쉽게 이용할 수 있는 새롭고 효과적인 방법을 찾고 있다고 한다.

1953년에 세워진 캐나다의 국립도서관은 캐나다 국립 기록보관소와 통합하여 '캐나다 도서관 기록관'이라는 이름의 정부 기구로 새롭게 출발했다. 이곳에는 1500년대 초기의 것으로 추정되는 오래된 자료들도 소장되어 있다고 한다.

책은 모든 사람의 것

앤드류 카네기와 벤저민 프랭클린을 비롯해서 책 읽기의 즐거움과 중요성을 널리 전하고자 했던 선구자들은 "책은 모든 사람의 것이다"라는 철학을 가지고 있었다. 전 세계의 수많은 사람들이 이 철학에 깊은 영향을 받았고, 실천하기 위해 놀랍고 독특한 형태의 캠페인을 벌여 왔다.

아프리카 케냐의 북동부 지역에서는 책을 잔뜩 실은 낙타 행렬이 뜨거운 모래사막을 가로지르며 느릿느릿 이동하는 진풍경을 볼 수 있다. 글을 읽고 쓸 줄 몰라 어려움을 겪는 가난한 시골 마을의 사람들이 글을 배울 수 있도록 낙타로 책을 전달하는 것이다.

남아프리카의 짐바브웨에서는 당나귀를 동원한 이동도서관으로 책 캠페인을 벌이기도 한다. 태양 전지판과 충전용 전지 팩으로 단단히 무장한 당나귀들은 멀리 외딴 마을까지 팩스와 이메일, 인터넷 서비스를 배달한다. 고립되어 있던 마을과 바깥세상을 이어 주는 다리 역할을 하는 것이다.

태국의 해군은 태국 정부의 교육부와 협력해서 퇴역 함정을 재활용해 만든 도서관을 운영하고 있다. 2천 권이 넘는 책과 비디오, 오디오 테이프, 그리고 어린이들을 위한 게임과 장난감까지 다양한 자료를 갖춘 이 군함 도서관은 일주일에 5일을 마치 순찰이라도 도는 것처럼 차오프라야 강을 둥둥 떠다니면서 태국의 수도 방콕의 빈곤층 시민들에게 책과 정보

를 전해 주고 있다.

 북유럽의 발트 해에서도 배 안에 만든 수상 도서관이 떠다니는 모습을 볼 수 있다. 이 배는 스톡홀름 동부 연안의 사람이 쉽게 드나들 수 없는 외딴 섬들에 도서관 서비스를 해 주고 있다. 스웨덴에서 가장 외진 곳에 살고 있는 섬 주민들은 낡은 여객선으로 만든 이 수상 도서관에 삼삼오오 모여서 영화와 뮤지컬 공연, 강연회를 즐기기도 하고, 수상 도서관 공연에 참가한 유명 작가들의 작품 낭독회에 귀를 기울이기도 한다.

새로운 세계,
변화하는 도서관 문화

　책의 힘을 믿는 사람들은 많은 사람에게 책 읽기의 즐거움을 알려 주기 위해 다양한 독서 운동을 벌이고 있다. 전 세계의 사서와 도서관을 연구하는 학자들, 그리고 도서관을 사랑하는 사람들은 독자의 권리를 지키기 위해서, 그리고 벤저민 프랭클린이 사람들을 위해 열어 둔 지혜를 향한 문이 닫히지 않도록 노력하고 있다. 이러한 헌신적인 노력은 많은 도서관 사서들이 첨단 기술을 활용하고, 미래 세대가 누릴 수 있는 배움의 기회를 만들어주는 역할을 하고 있다. 컴퓨터, 인터넷, 데이터베이스 등 새로운 미디어는 문자나 종이, 구텐베르크의 인쇄기가 그랬듯이 인류 문화를 새로운 모습으로 바꿔 놓고 있다. 그리고 도서관 역시 전에는 상상조차 할 수 없었던 새로운 방향으로 변화해 가고 있다.

지혜의 보물 창고, 도서관의 역사

터닝 더 페이지(Turning the Pages)

많은 국립도서관들이 자신들이 소장하고 있는, 세계에서 가장 희귀하고 소중한 책과 자료에 사람들이 쉽게 접근할 수 있는 새로운 방법을 고민하고 있다. 그중에서도 영국의 국립도서관이 제공하는 '터닝 더 페이지' 서비스가 매우 흥미롭다. 터닝 더 페이지는 페이지 디지털과 애니메이션 기술, 그리고 터치스크린 기술 등을 이용한 온라인 서비스이다. 대영 도서관 홈페이지를 방문하는 사람들은 도서관의 유리 아래 보관되어 있는 소장품들을 책을 넘겨서 보는 것처럼 가상으로 볼 수 있다.

과정도 복잡하지 않다. 영국 국립도서관 홈페이지(www.bl.uk/onlinegallery/ttp/ttpbooks.html)에 로그인만 하면, 16세기에 제작된 유럽 지도와 인체해부학 분야에 큰 영향을 미친 초기 해부학 서적, 17세기에 만들어진 복음서 사본 등 놀라운 자료들을 열람할 수 있다.

영국 국립도서관에 소장되어 있는 레오나르도 다 빈치의 공책도 터닝 더 페이지 서비스로 볼 수 있다. 다 빈치가 실제로 그렸다는 거울, 추, 도르래와 다양한 악기의 드로잉을 볼 수 있다. 루이스 캐럴이 자필로 쓴 《이상한 나라의 앨리스》의 원본 전문을 꼼꼼하게 살펴볼 수도 있다.

5장

미래의 도서관 여행

새로운 시대,
새로운 알렉산드리아 도서관

　도서관 역사에 있어 전설적인 존재인 알렉산드리아 도서관이 지구에서 모습을 감춘 지 천 5백 년도 더 지난 2002년 10월 16일, 그 후손 격이라 할 수 있는 새로운 알렉산드리아 도서관이 문을 열었다. 11층에 달하는 최신식 건물인 새로운 알렉산드리아 도서관의 정식 명칭은 비블리오테카 알렉산드리나(Bibliotheca Alexandrina)로, 위대한 고대 알렉산드리아 도서관이 있었던 것으로 추정되는 바로 그 장소에 세워졌다.

　도서관은 떠오르는 태양을 형상화 했다. 이는 태양이 인간 세계와 문화를 비춘다는 고대의 의미를 살린 것이다. 또한 도서관 외벽에는 각종 언어가 새겨져 있는데, 도서관에 소장되어 있는 다양한 문화와 지식을 상징하는 것이다.

▲ 새로운 알렉산드리아 도서관

　새로운 도서관과 고대의

도서관이 닮은 점은 같은 장소에 세워졌다는 것뿐이다. 고대 알렉산드리아 도서관이 당시에 존재했던 모든 문서의 복사본을 소장하고 있다는 큰 자부심을 가지고 있었던 반면, 새로운 알렉산드리아의 규모는 훨씬 작았다. 새 알렉산드리아 도서관이 문을 열 당시 소장한 책은 고작 20만 권에 불과했다. 이는 고대 알렉산드리아가 소장하고 있던 자료의 절반밖에 안 되며, 세계에서 규모가 가장 큰 도서관인 미국 의회 도서관이 소장하고 있는 2백만 권에 비하면 10분의 1밖에 안 되는 턱없이 초라한 규모다.

하지만 새 알렉산드리아 도서관이 단순히 고대의 알렉산드리아 도서관을 재현하려고 한 것은 아니다. 비블리오테카 알렉산드리나 도서관은 어린이와 시각 장애인을 위한 각종 서비스를 제공하고, 이집트와 중동의 역사에 관한 특별한 목록들을 소장하고, 1996년부터 현재까지 현존하는 모든 웹사이트가 보관되어 있는 웹문서 기록보관소를 운영하는 등 몇 가지 구체적인 분야에 집중했다.

특히 웹문서 기록보관소를 운영하며 사람들이 전 세계 어디에서나 접속해서 열람할 수 있는 세계적인 디지털 도서관을 만들겠다는 계획도 세웠다. 비블리오테카 알렉산드리나 도서관은 현재까지 100억 개가 넘는 웹문서와 2천 시간 분량의 텔레비전 방송, 그리고 천 개에 이르는 필름 등의 디지털 자료를 소장하고 있다고 한다. 새로운 시대에 걸맞은 새로운 도서관을 만들려는 것이다.

21세기를 이끌어 가는 최첨단 도서관

21세기가 되고 비블리오테카 알렉산드리아를 포함한 대규모 도서관이 세계 곳곳에 세워졌다. 특히 북아메리카 지역의 주요 도시에는 최첨단 시설을 갖춘 독특한 도서관 건물이 많이 건축되었다.

미국 워싱턴 주 시애틀과 미국 유타 주 솔트레이크시티, 그리고 캐나다 퀘벡 주 몬트리올의 도서관은 첨단 기술을 통해 실용적이면서도 화려한 모습을 갖춘 대표적인 도서관들이다. 이제 도서관이 갖고 있던 칙칙한 이미지와 지루한 곳이라는 오래된 고정관념을 버릴 때가 온 것이다.

최신식 도서관들은 뉴미디어와 정보 기술의 중심지라는 새로운 명성을 얻게 되었다. 예를 들어 솔트레이크시티 도서관에서는 기본적인 컴퓨터 프로그램 이용법을 배울 수 있고, 무료 인터넷 이용, 도서관 자료 검색, 파워포인트 제작 등을 할 수 있다. 도서관 이용자들은 자신의 노트북 컴퓨터를 가지고 와서 도서관이 제공하는 무선 인터넷 서비스를 통해 무료로 인터넷에 접속할 수도 있다.

▲ 싱가포르의 라이프스타일 도서관

한편, 싱가포르에서는 일명 라이프스타일 도서관이 운영되고 있다. 라이프스타일 도서관이란, 특정 지역을 자주 찾는 사람들의 연령대를 파악하고 그들의 관심사를 반영한 서비스를 제공하는 분점 형태의 도서관이다. 예를 들면 싱가포르에서 가장 화려하고 번화한 쇼핑몰 안에는 카페처럼 인테리어를 하고 만화책과 최신 유행 음악에 관한 자료를 제공하는 도서관이 있다. 반면, 주택가 부근의 작은 동네에는 주로 아이들을 위한 책과 자료를 소장한 도서관이 있다. 이런 도서관의 변신으로 인해 싱가포르 도서관을 방문하는 사람 수가 지난 10년간 무려 네 배 이상 증가했다고 한다. 10년 전에는 570만 명이었던 방문객 수가 3천 2백만 명으로 늘어난 것이다.

▲ 국립중앙도서관 디지털도서관의 첨단 기술이 적용된 새로운 형태의 실감형 도서관인 실감서재의 입구 (왼쪽)와 내부(오른쪽)

2004년에 문을 연 말레이시아의 수도 쿠알라룸푸르 공공도서관에는 가상현실관이 있다. 가상현실관에서는 수족관 체험과 인체 해부 탐험을 비롯해서 쿠알라룸프르에 관한 자세한 지식과 정보를 얻을 수 있는 가상 도시 여행 등의 프로그램을 운영하고 있다. 그 밖에도 쿠알라룸푸르 도서관에서는 도서관 이용자들이 좋아하는 음악을 들으면서 책을 읽을 수 있도록 휴대용 오디오 플레이어를 빌려 주는 서비스도 제공하고 있다.

변화하는 시대에 맞춘 도서관의 역할

인터넷과 CD, 전자책이 등장하자 많은 사람들이 종이책과 도서관은 조만간 역사 속으로 사라질 것이라 예상했다. 그러나 현대 도서관들은 변화하는 환경에 적응하기 위한 노력을 기울임으로써 오히려 이용자 수를 계속해서 늘려가고 있다.

RFID
RFID는 Radio Frequency Identification의 약자로, 무선 인식 기술로 먼 거리에 떨어져 있어도 정보를 인식하는 기술이다.

변화하는 시대에 발맞추기 위해 도서관의 역할은 점차 확장되고 있다. 도서 대출과 같은 전통적인 서비스를 완전히 새로운 방식으로 바꾸려는 시도가 대표적이다. 예를 들어 과거에는 책을 빌리려면 무

조건 도서관 건물 내부에 들어가야 했다. 하지만 요즘에는 도서관 건물에 들어가지 않고도 차에 탄 채 예약한 책을 받아가거나, 연체료를 내거나, 도서 문의를 할 수 있는 서비스를 제공하고 있다.

　미국 시애틀 시민과 관광객들의 사랑을 한 몸에 받고 있는 시애틀 공공 도서관과 그 밖의 여러 도서관에서는 주파수를 이용해 ID를 인식하는 일명 RFID 기술을 도입했다. 이 기술을 통해 이용자들은 도서관 회원 카드를 스캐너에 읽힌 다음 빌리고자 하는 책을 올려놓고 직접 책을 빌려갈 수 있다. 이 기술은 이제 보편화되어 현재 우리나라 대부분 도서관에도 도입되었다.

　이처럼 도서관 서비스가 발전하면서 사서들의 업무에도 변화가 생겼다. 사서들에게는 도서관 이용자들이 필요로 하는 서비스를 개발할 시간과 여유가 더 많이 생겼다. 앞으로 사서들의 역할에는 더욱 큰 변화가 생길 것으로 보인다.

21세기의 앤드류 카네기, 게이츠 재단

빌 게이츠는 마이크로소프트사의 공동 설립자이고, 전부인인 멜린다 게이츠와 함께 게이츠 재단의 공동 회장을 맡고 있다. 빌 게이츠는 앤드류 카네기가 했던 도서관 후원 사업을 이어가기 시작했다. 지금은 공공도서관을 후원하는 민간 후원자들 중에서도 가장 후한 후원자로 알려져 있다. 게이츠 재단은 전 세계 곳곳에 흩어져 있는 도서관에 수백만 달러를 기부해 저소득층과 빈민가의 주민들에게 무료로 컴퓨터와 인터넷을 이용할 수 있는 기회를 제공하는 캠페인을 후원해 왔다. 재단은 설립된 직후부터 칠레, 멕시코, 핀란드, 중국을 비롯한 수많은 나라들의 공공도서관 후원 프로그램에 보조금을 기부해 왔다. 2005년에 게이츠 재단은 배를 개조해서 만든 시설과 태양 전지판, 휴대전화 등을 이용해서 북부 오지 마을 사람들에게 인터넷을 전파한 방글라데시의 한 프로그램에 '배움의 기회상'을 수여했다.

게이츠 재단의 도서관 후원은 북아메리카 지역에서도 계속되었다. 미국의 50개 주 전역에 있는 도서관에 수천 대의 컴퓨터를 기부했고, 미국 남서부 지역 원주민들의 컴퓨터 사용 능력을 향상시키기 위한 활동을 후원했다. 캐나다의 10개 주와 3개의 준주(주의 자격을 얻지 못한 지역)에 있는 도서관에는 컴퓨터를 구입하고, 교육관을 설치하고, 초고속 인터넷 서비스를 제공할 수 있도록 기부금을 전하기도 했다.

미국에 처음 정착한 이주민들이 척박한 땅에서 고단한 삶을 이겨 내는 데 필요한 신기술을 익히기 위해 앤드류 카네기가 세운 도서관을 찾아 책과 신문을 읽고 정보와 지식을 얻었던 것처럼, 오늘날의 디지털 이주

지혜의 보물 창고, 도서관의 역사

민(1980년대 이전에 출생한 아날로그 세대)들에게도 정보화 시대에 필요한 기술 습득을 위해 도서관을 통한 교육과 교류가 필요하다.

　공공도서관에 인터넷과 소프트웨어, 디지털 자원을 비롯한 배움의 도구를 후원해 온 게이츠 재단의 열정과 노력으로 인해 인간과 기술은 더욱 하나가 되어 가고 있다.

변화하는 도서관과
이용자 수의 증가

변화하는 환경에 적응하기 위한 도서관들의 창의적인 노력은 곧 큰 성과로 이어졌다. 1990년에서 2001년 사이에 미국 내 도서관의 방문객 수는 두 배 이상 증가했다. 캐나다의 도서관들도 이용자 수가 크게 증가했다. 북아메리카 지역에서 도서관 이용이 가장 활발한 캐나다 토론토에서는 2004년 한 해 동안 등록된 회원 중 150만 명이 넘는 사람들이 3천만 점에 가까운 자료를 대출했다고 한다.

콜롬비아의 보고타에서는 2001년부터 '비블로레드(BibloRed)'라는 문화 프로그램을 실시했다. 개선된 도서관 서비스와 무료 인터넷 등을 제공하자 시민들의 도서관 이용률이 폭발적으로 증가했다고 한다. 중심가에 3개의 대규모 도서관을 새로 건립하고, 지역의 16개 도서관은 새로 단장해서 시민들을 비블로레드 프로그램에 참여하도록 유도했더니 매달 20만 명의 이용자들이 도서관을 찾고 있다고 한다. 무료로 만들 수 있는 도서관 회원 카드 한 장만 있으면 책과 잡지, 신문을 읽을 수 있고 인터넷을 자유롭게 사용할 수 있고, 원한다면 컴퓨터를 배울 수도 있다.

우리나라의 공공도서관
우리나라 공공도서관 수는 2020년 기준 1,172개이며, 공공도서관이 보유한 평균 자료는 101,148권이다.

더 중요한 점은 도서관이 평화롭고 안전한 공간이라는 점이다. 보고타는 살인

사건 발생률이 세계에서 가장 높고, 전체 시민의 3분의 2가 극빈 생활을 하는 가난한 도시이다. 보고타 시민들에게 도서관은 그야말로 '몰아치는 폭풍 속의 안전한 항구'와도 같은 장소인 것이다. 보고타의 전 시장인 엔리케 페날로사는 비블로레드 프로그램에 대해 다음과 같이 말했다.

"도서관은 이 도시의 희망의 상징이 되었습니다. 모든 시민들이 도서관에 초대를 받았고, 그곳에서 극진한 대접을 받았습니다. 그리고 콜롬비아의 국민이라는 이유만으로 스스로가 중요한 존재라는 느낌을 받기 시작했습니다."

다양한 방법으로
교육의 기회를 제공하는 도서관

교육을 받을 기회가 제한되어 있는 나라의 사람들에게는 배움의 기회를 제공해 줄 필요가 있다. 그래서 도서관은 첨단 기술을 이용해 다양한 방법으로 배움의 기회를 제공하기 위해 노력하고 있다.

앞서 살펴본 짐바브웨 당나귀 도서관 같은 활동은 전 세계에서 이루어지고 있다. 짐바브웨 외의 다른 아프리카 국가들과 아시아 일부 지역에는 커다란 버스에 컴퓨터와 프린터, 그리고 무선 인터넷 접속에 필요한 기기

지혜의 보물 창고, 도서관의 역사

아프리카 디지털 도서관

누구나 무료로 이용할 수 있는 아프리카 디지털 도서관(http://www.aodl. org/)에는 약 8천 권의 전자책이 소장되어 있으며, 인터넷 접속이 가능한 컴퓨터만 있으면 아프리카 대륙 어디에서나 디지털 자료를 열람할 수 있다.

아프리카 디지털 도서관에는 모든 분야의 자료가 두루 있지만 경제학, 기술, 컴퓨터를 주제로 다룬 자료가 특히 많다. 아프리카 디지털 도서관 이 특정 분야의 자료를 집중적으로 갖추고 있는 이유는 기술을 익히고 사업을 확장하는 데 필요한 풍부한 정보를 제공해서 아프리카 사람들이 가난을 극복할 수 있는 기회를 주기 위해서이다.

이처럼 디지털 도서관은 자료를 보관할 건물을 짓고 유지하는 데에 많은 돈을 들이지 않고도 수많은 사람들에게 책과 정보, 더불어 배움의 기회까지 제공할 수 있는 매우 효과적인 방법이다.

를 실은 이동 디지털 도서관이 서비스를 제공하고 있다.

아프리카 우간다의 어느 시골 마을의 초등학생들은 이동 디지털 도서관 덕분에 《피터래빗 이야기》와 같은 저작권 보호 기간이 끝난 여러 종류의 책을 인쇄한 후 제본해서 가질 수 있었다. 자신만의 책을 가지게 된다는 건 참 기쁜 일이었을 것이다. 또 인도의 외진 마을에 사는 사람들은 이동 디지털 도서관을 통해서 만 권이 넘는 디지털화한 책을 읽을 수 있게 되었다.

이동 디지털 도서관 버스는 이메일 서버와 고성능 무선 공유기를 싣고 다니기 때문에 각 지역을 이동하면서 이메일을 모으고 배달하는 것도 가능했다. 이동도서관이 성과를 거두자 인도 정부는 인도의 30개 주 전역에서 이동도서관 서비스가 제공될 수 있도록 노력하고 있다.

우리나라 기적의 도서관

2001년 우리나라에서는 〈책책책, 책을 읽읍시다〉라는 독서 장려 프로그램이 방영되었다. 이 프로그램은 매달 한 권의 책을 선정하고 전국을 돌며 사람들이 책을 얼마나 읽는지를 알아보기도 하고, 선정된 책을 이미 읽어본 사람에게는 선물을 하는 등 전 국민에게 책 읽는 재미와 즐거움을

▲ 순천 기적의 도서관 1층 자료실

선사했다. 또한 2003년 1월에는 '책읽는사회만들기국민운동' 및 '책읽는사회문화재단'과 함께 전국에 '기적의 도서관'이라는 어린이 도서관 설립을 시작했다.

첫 번째 기적의 도서관은

2003년 전라남도 순천에 지어졌다. 순천시에서는 도서관을 지을 땅을 내어놓았고, 전 국민이 모은 기부금으로 건물을 지어 책을 가득 채웠다. 기적의 도서관은 '한 살배기 꼬맹이도 안방에서처럼 기고 뒹굴고, 놀 수 있는 어린이 도서관. 책 말고도 노래와 춤, 그림 같은 여러 가지 활동을 할 수 있는 도서관'으로 만들어졌다. 순천 기적의 도서관에는 이야기방, 다락, 토굴, 영유아실, 수유실, 다매체실, 전시 공간과 놀이 공간이 구석구석에 숨어 있었다. 개관했을 당시 사람들은 상상 속에서나 그려볼 수 있었던 도서관이 실제로 지어진 것을 보고 모두 깜짝 놀랐다. 현재 전국에 15개 기적의 도서관이 지어졌고, 4개가 새로 지어지고 있다. 앞으로도 전국 방방곡곡 아이들이 있는 곳이면 어디나 기적의 도서관 같은 멋진 도서관이 세워질 것이다.

다문화가정을 위한 도서관 서비스

오늘날 인류는 전 세계의 국경을 넘나들며 살아가고 있다. 우리나라에도 우리나라 국적을 취득하거나, 우리나라 사람과 결혼해서 가정을 이룬 외국인이 많이 늘었다. 이에 따라 도서관 역시 문화적 다양성을 반영한 서비스를 제공하고, 민족·언어·문화적으로 소수인 사람들을 배려하고, 도서관 이용자가 서로의 차이를 이해하도록 돕는 일에 힘을 쏟기 시작했다. 국제도서관협회연맹도 '모든 사람에게 공평하고 평등한 도서관 서비스를 제공해야 한다'는 원칙을 밝히고 있다.

도서관에서는 결혼이주자와 그 자녀를 위한 서비스를 제공하기도 한다. 한글과 함께 어머니나 아버지의 모국어가 쓰여 있는 책이나 자료를 제공하고, 도서관 직원이 다문화가정을 직접 방문해 독서 활동을 돕기도 한다. 또한 문화 체험, 축제 등의 행사를 열어 서로 다른 문화를 직접 경험해볼 수 있도록 하고, 우리나라 보호자들과 만나 아이 키우는 경험을 공유할 수 있는 자리를 마련하는 등의 다양한 프로그램을 개발하고 있다.

이처럼 결혼이주자에게 도서관은 평생 교육의 출발점이자 자녀 교육 불안을 덜어주는 역할과 기능을 하고 있으며, 아이들에게는 다양한 문화를 이해하고 함께 살아가는 세계인으로 키워나가는 요람이다.

첨단 기술을 덧입은
오래된 도서관

세계에서 가장 오래된 도서관 중에는 첨단 기술을 활용하여 이용자들에게 소장하고 있는 자료를 더 자세히 볼 수 있는 값진 기회를 제공하고 있는 곳들이 있다. 예를 들어 영국 국립도서관은 값을 매길 수 없을 정도로 귀중한 가치를 지니고 있는 많은 책과 자료들을 디지털화한 후에 그것을 도서관 웹사이트의 온라인 갤러리에서 볼 수 있도록 해 놓았다. 영국 국립도서관의 온라인

▲ 영국 국립도서관 온라인 갤러리의 《구텐베르크 성경》

갤러리 방문객들은 구텐베르크 성경의 두 가지 버전을 서로 비교해 가며 볼 수도 있다. 구텐베르크 성경은 학자들에게조차도 열람하거나 만지는 것이 허락되지 않는 대단히 희귀하고 역사적 가치가 높은 자료다.

또한 영국 국립도서관이 소장하고 있는 가장 귀한 보물 중 하나라고 할 수 있는,

마그나 카르타

마그나(Magna)는 '중요한', 카르타(Carta)는 '헌장'이라는 뜻으로 즉 어떤 사실에 대해 지켜야 할 규범이라는 뜻이다. 1215년 영국의 왕 존이 정치를 제대로 하지 못하자 귀족들이 런던 시민의 지지를 얻어 왕에게 승인하도록 요구한 것이다. 국민의 기본적인 권리를 옹호하는 내용을 담고 있어서 근대 헌법의 토대가 되었다.

현재 전 세계적으로 4부밖에 남지 않다는 마그나 카르타(권리장전)의 사본도 웹사이트를 통해 공개하고 있다. 13세기에 만들어진 마그나 카르타는 영국의 헌법과 근대 헌법의 토대가 된 것으로, 문서로 만들어진 세계 최초의 헌법이라고 주장하는 이들도 있는 매우 귀중한 자료이다.

실크로드와 국제 둔황 프로젝트

2002년, 중국 국립도서관과 영국 국립도서관은 '국제 둔황 프로젝트'라는 이름의 웹사이트(idp.bl.uk)를 개설했다. 이 사이트에는 5만여 점에 달하는 문서와 그림, 공예품 등의 고대 자료가 전 세계 어디서나 누구든 볼 수 있도록 공개되어 있다. 이 자료들은 유럽과 중국을 잇는 교역로인 실크로드에 있었던 둔황에서 발견된 것으로, 각각의 자료에는 역사적인 해석도 덧붙여져 있다. 그중에는 약 처방전, 노예 매매 계약서, 심지어는 저녁 식사에 초대받았던 손님이 술을 많이 마시고 결례가 되는 행동을 해서 미안하다는 사과의 내용을 담은 편지 등의 고대 문서를 디지털화한 것도 있다. 이 자료들은 5세기부터 11세기 사이 실크로드의 일상을 생생하게 보여준다.

지혜의 보물 창고, 도서관의 역사

이 웹사이트는 역사학자들과 전문 연구자들에게 매우 귀중한 연구 자원이기도 하다. 높은 가치의 희귀한 자료를 직접 중국까지 가지 않고도 쉽게 볼 수 있어 매우 편리하다. 꼭 전문가가 아니더라도 중국 역사에 관심이 있는 사람이라면 이 웹사이트에서 제공하는 역사적인 정보와 자료를 즐겁게 감상할 수 있다.

국제 둔황 프로젝트는 수천 킬로미터나 떨어져 있는 두 나라의 도서관이 신기술을 통해서 얼마나 긴밀하게 협력할 수 있는지를 보여주는 매우 특별한 사례이기도 하다. 그들의 값진 협동 작업을 통해 많은 사람들이 귀중한 자료를 쉽게 감상할 수 있게 되었다.

도서관의 디지털 프로젝트

영국 국립도서관은 '국립 디지털 도서관'이라는 야심찬 프로젝트에 착수했다. 2006년에는 프로젝트의 일환으로 영국 국립도서관에 소장되어 있던 도서 가운데 저작권 보호 기간이 만료되거나 저작권법의 보호를 받지 않는 약 10만 권의 책을 디지털화하는 작업을 시작했다. 영국 국립도서관에 소장되어 있는 자료는 책과 원고, 특허증서, 지도, 음반 등을 포함해서 총 1억 5천만 점에 이른다는 점을 고려하면, 10만 권의 책은 극히 일부분에 지나지 않는다.

현재의 기술 수준으로는 한 사람이 300페이지 분량의 책 한 권을 스캔하는 데에 30분 정도가 걸린다. 따라서 한 사람이 하루에 자료를 100개씩 스캔하는 것이 가능하고 그 속도로 일주일 내내 스캔을 한다고 해도, 대영 도서관의 모든 소장 자료를 디지털화하는 데는 거의 4천 년에 가까운 세월이 걸린다는 계산이 나온다. 게다가 영국 국립도서관에 소장되어 있는 자료 중에는 자칫 손상될 우려가 있기 때문에 무척 세심하게 관리해야만 하는 귀중한 것들이 있다. 심지어 사람의 손이 조금이라도 닿으면 치명적으로 훼손될 가능성이 있는 자료들도 있다. 이처럼 자료의 디지털화 작업이 쉽지 않다. 그래서 도서관 자료를 디지털화할 때는 스캔의 전 과정을 완전히 자동화한 자동 스캐너가 필요하다.

지혜의 보물 창고, 도서관의 역사

자동 스캐너는 손상되기 쉬운 종이를 공기압으로 살짝 들어 올린 다음, 청소기와 비슷한 원리로 만들어

▲ 국립디지털도서관

진 진공 장치를 이용해서 페이지가 자동으로 넘어가게 할 수 있다고 한다. 게다가 자동 스캐너로 스캔 작업을 하면, 시간당 천 페이지가 넘는 자료의 디지털화가 가능하다.

저작권? 퍼블릭 도메인?

거의 모든 나라에 '저작권 보호법'이 있다. 저작권은 '지적 재산권'이라고도 하는데, 책이나 음악 같은 창작물이나 발명품 등이 저작권 보호법에 의해서 보호를 받고 있다. 이 법에 의해서 저자가 살아 있는 동안 창작물에 대한 법적 보호를 받을 수 있다. 또한 저자가 사망한 후에도 생전에 창작한 모든 작품에 대해서 일정 기간 동안 저작권 보호법이 적용된다. 대부분의 저작권 보호법은 저자가 사망한 후 25년에서 75년까지 효력을 발휘한다. 지적 재산이 불법으로 복제되는 것을 막고, 저자의 창작 활동에 대한 수입을 보장해 주는 것이 저작권 보호법의 목적이다. 저자가 사망

하고 정해진 시간이 지나면 해당 저자의 작품은 저작권 보호 기간이 만료되어 '저작권 공유'가 가능해진다. 저작권 공유가 가능해지면 그 이후부터는 원하는 사람은 누구나, 작품을 창작한 저자에게 저작권료를 지불하지 않고도 작품을 복제해서 상업적으로 판매할 수 있다.

인터넷 발명 이후, 저작권 보호법을 둘러싼 여러 문제점이 복잡해지고 논쟁은 더욱 뜨거워졌다. 2000년에는 저작권자에게 사용료(로열티)를 지불하지 않고 음악 파일을 게시해서 사용자들이 무단으로 음악을 다운로드 받을 수 있는 서비스를 제공한 냅스터라는 회사에 미국의 음반 업계가 소송을 제기해서 승소한 사건이 있었다. 2005년에는 작가 협회와 출판사 단체들이 검색엔진인 구글이 전 세계의 천만 권에 달하는 책을 스캔하여 요약본을 온라인으로 제공하겠다는 일종의 디지털 도서관 사업인 '구글 북스'를 중단하라며 구글을 고소하기도 했다. 구글에서 디지털화한 도서 중에는 아직 저작권법의 보호를 받고 있는 작품도 꽤 많이 포함되어 있었다.

인류 역사에서 기술의 진보는 종종 사람들의 불신과 두려움이라는 커다란 장애물과 맞닥뜨렸다. 디지털 도서관이나 그와 유사한 프로젝트에 반대하는 이들 역시 낯섦으로 인해 저항감을 가지는 것이 아니냐는 이들도 있다.

무엇보다도 콘텐츠 제공자들은 사용자들이 여러 정보와 의견을 무료로 주고받을 수 있는 장을 제공하면서도, 한편으로는 창작자인 작가와 음악가, 영화 제작자들의 권리도 보호할 수 있는 방법을 찾아야 할 것이다.

지혜의 보물 창고, 도서관의 역사

미래에도 변하지 않을
도서관의 가치

사실 영국 국립도서관의 '디지털 도서관 프로젝트'는 수많은 전자도서관 프로젝트 중 하나일 뿐이다. 이러한 디지털 도서관 프로젝트의 발단이 된 것은 바로 '구텐베르크 프로젝트'이다. 웹사이트 www.gutenberg.org 로 접속하면 구텐베르크 프로젝트에 관한 자세한 정보를 얻을 수 있다. 온라인 디지털 도서관인 구텐베르크 프로젝트는 현재 1만 권이 넘는 전자책을 보유하고 있으며, 영어와 프랑스어는 물론 산스크리트어와 웨일스어에 이르는 다양한 언어로 된 전자책 서비스를 제공하고 있다.

구텐베르크 프로젝트 웹사이트에 올라와 있는 전자책은 모두 저작권 보호 기간이 만료되었거나 저작권자의 의사에 따라 저작권법의 보호를 받지 않게 된 작품들이기 때문에 무료로 다운로드 받을 수 있다. 전 세계 수많은 사람들이 이 사이트를 이용하며, 매달 2백만 건이 넘는 다운로드가 이루어진다. 구텐베르크 프로젝트 사이트에 올라와 있는 작품 중에는 아서 코난 도일 경과 그림 형제,

▲ 구텐베르크 프로젝트 홈페이지

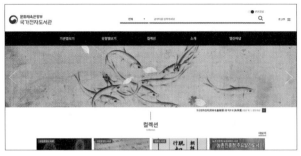

▲ 우리나라의 다양한 디지털 자료를 모아 둔 국가전자도서관 홈페이지

에드거 앨런 포, 제인 오스틴 같은 유명 작가들의 작품도 많이 있다. 마우스로 클릭 한 번만 하면, 아인슈타인의 상대성 이론 논문과 레오나르도 다 빈치가 작성한 공책 등 역사적으로 중요하고 가치가 있는 자료와 18세기에 쓰인 무용이론서처럼 희귀한 자료를 무료로 다운로드 받을 수 있다.

구텐베르크 프로젝트 웹사이트의 자료들은 모두 자원봉사자들의 손길을 거쳤다. 종이책 자료를 컴퓨터에 입력하고, 교정을 보고, 대조하고, 검토하여 전자책으로 전환하는 일 모두 자원봉사자들의 노력으로 이루어졌다.

국가전자도서관
우리나라에는 국가전자도서관 홈페이지가 있다. 국가전자도서관은 국내 주요 전자도서관이 소장한 디지털 콘텐츠를 공유하고 활용하기 위해 개발한 시스템이다.

과학 기술이 도서관을 변화시키고 있다. 현대 기술 발달과 사회 변화로 인해 결국 도서관이 없어지는 것은 아닌지 걱정하는 사람들도 있다. 미래의 도서관은 지금의 도서관과는 전혀 다른 역할을 하게 될

지도 모르겠다. 하지만 도서관이 우리 사회에서 중요한 역할을 한다는 사실은 변하지 않을 것이다. 도서관은 보물 같은 온갖 지식과 지혜가 묻혀 있는 곳이기 때문이다. 도서관은 인류가 지나온 과거를 온전히 기억할 수 있게 도와주고, 앞으로 다가올 미래를 맞이할 준비를 할 수 있도록 필요한 정보와 영감을 주는 곳이다. 우리가 여행하게 될 미래 사회가 어떤 곳이든, 도서관은 지금까지 그래왔던 것처럼 앞으로도 그 속에 간직하고 있는 소중한 지혜와 인류를 하나로 연결해 줄 것이다.

사서가 되고 싶어요!

도서관 사서들은 '정보 전문가'라고도 불린다. 사람들이 자신의 질문에 스스로 답을 찾을 수 있도록 도와주는 최고의 전문가들이라는 뜻이다. 사서들에게는 거의 모든 것을 찾을 수 있는 능력이 있다. 그리고 도서관을 처음 방문한 사람들에게도 복잡한 정보를 쉽게 이해할 수 있도록 설명해 줄 수 있다.

도서관 사서가 되려면 공부를 많이 해야 한다. 우리나라에서는 대학에서 문헌정보학을 공부하거나 지정교육기관에서 교육을 받으면 사서가 될 수 있다. 또는 학점은행제에서 문헌정보학을 전공해서 사서자격을 받을 수도 있다. 더 자세한 내용은 한국도서관협회 사서자격증 홈페이지 (liblicense.kr)에서 볼 수 있다.

도서관의 역사와 글쓰기 및 독서의 역사나 인류 문화의 발달에 관한 책은 굉장히 많다. 여기에는 그중에서도 특히 이 책을 쓰는 데 많은 도움을 받은 책들의 목록과 특정 내용을 인용한 웹사이트의 주소를 기록해 놓았다. 본문에서 따로 출처를 밝혀 두는 대신, 이 장에 전체 목록을 밝힘으로써 감사의 마음을 전하고자 한다.

1장 | 도서관 역사의 시작

- 아르키메데스를 포함하여 유명한 고대 알렉산드리아의 도서관을 드나들었던 학자 및 과학자들에 관한 이야기 —《알렉산드리아 도서관》(켈리 트럼블, 비룡소, 2009)
- 알렉산드리아의 여인 히파티아의 삶에 관한 이야기 — 브리태니커 백과사전 온라인 서비스. https://www.britannica.com/biography/Hypatia 에서 히파티아에 관한 영문 자료를 확인할 수 있다.
- 아리스토텔레스의 개인 도서관 이야기 중 일부 —《고대 도서관의 역사》(라이오넬 카슨, 르네상스, 2003)
- 개인 도서관을 갖추고 있었던 루시우스 피소의 대저택과 그곳에서 발굴된 파피루스 두루마리를 복원하고 해석하려는 노력에 관한 이야기를 다룬 웹사이트는 많다. 특히 고대 도시 폼페이에 관한 디스커버리 채널의 방송 프로그램과 디지털 도서관을 통해 화재로 타 버린 두루마리 자료

를 복원 및 보존하고자 하는 미국 브리검영 대학교의 활동을 소개한 브리검영 대학교 매거진의 기사에서 많은 정보를 발췌 및 응용하였다.

- 캘리포니아 말리부에 있는 게티 박물관에 가면 피소의 대저택을 재현한 모형 빌라 건물들을 볼 수 있다.
- 로마 시대의 공공도서관에 관한 내용 중 일부 —《고대 도서관의 역사》 (라이오넬 카슨)

2장 | 암흑시대

- 세라페이온의 두루마리들을 모두 없애 버리라는 명령을 내린 이슬람 총독에 관한 일화 —《도서관, 그 소란스러운 역사》(매튜 배틀스, 넥서스, 2004)
- 이집트 전역에서 파괴되는 도서관을 보며 한탄했다는 작가의 말 –《서양 도서관의 역사A History of Libraries in the Western World》(마이클 해리스, 런던 스케어크로우 프레스 출판, 1995)에 언급된 내용을 재인용
- 화염 속에서 최후를 맞이하는 도시 알렉산드리아에 대한 더 자세하고 멋진 묘사를 보고 싶다면《알렉산드리아 도서관》(켈리 트럼블)을 한번 찾아보길 바란다.
- 수도원에 소속되어 필경을 도맡아 하던 수도사들의 게으름과 어처구니없는 실수를 한탄하는 작가의 말, 필사본을 만드는 어려움을 호소하는 이름 모르는 수도사의 이야기 —《도서관 이야기The Story of Libraries》(프레드 러너, 뉴욕 컨티넘 출판사, 1998)

- 이교도 문학의 원고가 필요하면 개처럼 자신의 몸을 긁는 흉내를 내서 신호를 보내던 수도사들의 일화 —《독서의 역사》(알베르토 망구엘, 세종서적, 2008)
- 교회에 의해 금지된 작가 목록에 오른 저자 이름을 책 표지에서 긁어서 지워 낸 수도원 도서관 사서들의 이야기 —《도서관 이야기》(프레드 러너)
- 페르시아 수상과 그의 낙타 도서관에 관한 이야기를 다루는 책은 여러 권 있는데,《독서의 역사》(알베르토 망구엘)도 그중 하나다.
- 몽골 군대가 바그다드의 도서관에 있던 책을 모두 티그리스 강에 던져 버린 일화 —《서양 도서관의 역사》(마이클 해리스)

3장 | 황금기

- 구텐베르크와 그의 인쇄기 발명에 관한 일화 중 일부 —《아무렇게나 사용하는 물건들의 아주 특별한 이야기The A to Z of Everyday Things》(재니스 위버, 툰드라 출판, 2004)
- 르네상스 시대 도서관 사서들의 엄격한 책임과 의무, 도서관의 책을 훼손한 경우 받게 되는 처벌에 관한 이야기, 페트라르카가 당시 필경사들의 무능력을 비난하며 한 말, 수도원으로부터 구해 달라고 아우성치는 책들의 외침, 그리고 교황 레오 10세가 수도원 도서관에 있던 귀중한 필사본 원고를 빼앗은 후 뻔뻔스러운 편지를 보낸 일화 —《도서관 이야기》(프레드 러너)
- 보들리언 도서관의 재건에 관한 이야기 중 일부 — 옥스퍼드 대학교가 발행하는 잡지 〈옥스퍼드 투데이〉에 실린 기사에서 발췌했다.

지혜의 보물 창고, 도서관의 역사

- 예일 대학교를 세운 코네티컷 교회 지도자들이 책을 기부하며 했던 말과 프린스턴 대학교 총장 이야기 -《도서관 이야기》(프레드 러너)

4장 | 새로운 세상을 향하여

- 벤저민 프랭클린의 삶에 관한 이야기와 회원제 도서관 설립에 대한 프랭클린의 열정에 대한 일화 -《벤저민 프랭클린Benjamin Franklin》(에드먼드 S. 모건, 뉴헤이븐 예일대학교 출판부, 2002)
- 시민들의 고상한 습관의 장려를 위한 도서관의 장려 -《서양 도서관의 역사》(마이클 해리스)
- 보스턴 공공도서관의 공식 웹사이트(https://www.bpl.org/bpl-history/)에 접속하면 보스턴 공공도서관의 역사에 대한 더욱 자세한 정보를 얻을 수 있다.
- 앤드류 카네기의 삶과 공공도서관 보급을 향한 그의 헌신적 노력에 관한 이야기 -《카네기Carnegie》(피터 크라스, 호보큰 와일리 출판사, 2002)
- 미국 도서관 협회 초대 회장의 도서관 여성 사서에 관한 연설 - 논문 "여성 사서의 역사와 발전 및 문제점The History, Progression, and Issues of Women Librarians"(애니 다우니)에 인용된 것을 재인용하였다.
- 브리티쉬 콜롬비아 주의 프린스 루퍼트 공공도서관의 공식 웹사이트에 접속하면, 세계 여러 곳의 특이한 도서관이나 다양한 이동도서관에 관한 자세한 정보를 얻을 수 있다. 아프리카 케냐의 낙타 도서관과 증기선으로 만든 스웨덴 군도의 수상 도서관 이야기도 이 웹사이트의 정보를 바탕으로 썼다.

- 2002년에 건립된 새로운 알렉산드리아 도서관은 공식 웹사이트의 서비스를 통해 양질의 다양한 정보를 제공하고 있다. www.bibalex.org/Home/Default_EN.aspx로 접속하면 영어, 프랑스어, 아랍어 중 한 가지 언어를 선택하여 도서관 건물의 사진과 다양한 행사 등 도서관에 관한 정보를 얻는 것은 물론이고, 각종 이집트 기념품도 온라인으로 구매할 수 있다.

- 게이츠 재단에 관한 자료와 방글라데시의 도서관 후원 프로그램에 관한 정보 — 게이츠 재단 공식 웹사이트(www.gatesfoundation.org)

- 토론토 공공도서관에 관한 통계 — 토론토 도서관의 「2004년 연례보고서」

- 콜롬비아의 도서관 캠페인에 관한 이야기 중 일부 — 보도기사 "비블로레드 : 콜롬비아의 혁신적인 도서관 네트워크"(마리아 크리스티나 카발레로). 미국 도서관 정보 자료 협의회의 공식 웹사이트(www.clir.org)에서 이 기사의 전문을 확인할 수 있다.

- 우간다의 이동 디지털 도서관 — 이동 디지털 도서관 프로젝트를 이끌고 있는 리처드 코먼과의 인터뷰를 재구성하였다.

도서관 웹사이트

오늘날에는 인터넷으로 전 세계의 유명 도서관에 관한 정보를 쉽게 얻을 수 있다. 아래에는 우리나라 도서관 웹사이트와 대표적인 영문 웹사이트 몇 곳의 주소와 특징을 정리해 놓았다. 여러분이 살고 있는 지역에 위치한 도서관의 웹사이트도 잊지 말고 꼭 한번 방문해 보기를 바란다!

우리나라 도서관

- **국립중앙도서관**

  https://www.nl.go.kr/

  1945년 개관한 우리나라 최고의 도서관이다. 2015년에는 세계에서 15번째로 1,000만 장서를 보유한 국립도서관이 되었다. 웹사이트에서는 자료 검색, 디지털컬렉션 열람, 도서관 프로그램 참여 신청 등이 가능하다.

- **국립세종도서관**

  https://sejong.nl.go.kr/

  국립중앙도서관의 지역 최초 분관이자 국내 최초 정책 도서관이다. 행정 기관과 공무원 등을 대상으로 정보서비스를 제공하는 정책 도서관의 역할은 물론 세종특별자치시 및 인근 지역 주민을 대상으로 열린 도서관을 운영하여 복합 문화 공간으로서의 역할도 수행하고 있다.

- 국립어린이청소년도서관

  https://www.nlcy.go.kr

  자료검색과 도서관 프로그램 일정 확인 및 신청이 가능하다. 또래에게 책을 추천하는 공간이 마련되어 있어 아이들이 직접 참여할 수 있고, 어린이 및 중학생 이용자에게 발급해 주는 독서통장을 관리할 수 있다. 또한 어린이 전자도서관, 어린이그림책 전자갤러리, 독서칼럼 등 어린이를 위한 다양한 사이트와 연결되어 있다.

- 국립장애인도서관

  https://www.nld.go.kr/

  장애인을 위한 다양한 도서관 서비스를 제공한다. 전자점자도서, 수어영상도서, 점자 악보, 화면해설영상자료 등의 디지털 자료를 제공한다. 대체자료 제작신청, 수식독음, 장애인 정책자료, 독서보조기기 정보를 확인할 수도 있다.

- 국회도서관

  https://www.nanet.go.kr/

  국회도서관은 1952년 개관한 의정활동 지원기관으로 다양한 입법, 정책 서비스를 제공한다. 신간, 국내 주간지 기사, 외국도서관 기증자료 등을 볼 수 있고, 사서와 국회의원의 추천 도서도 확인 가능하다.

- 서울특별시교육청어린이도서관

  https://www.childrenlib.go.kr

  1979년 '세계 어린이의 해'를 맞이하여 세워진 우리나라 최초의 어린이 도서관이다. 자료검색, 강좌신청이 가능하며 장애인을 위한 도서관 자료 무료 우편서비스 책나래 서비스 운영, 지역문화정보 제공, 소식지 발간 등의 활동을 확인할 수 있다. 어린이가 직접 참여할 수 있는 '아이들이 직접 추천하는 어린이책' 프로그램도 운영되고 있다.

세계의 도서관

- 비블리오테카 알렉산드리나

  https://www.bibalex.org

  다양한 온라인 자료와 이집트 역사에 관한 전문적인 자료를 볼 수 있는 웹 사이트들이 연결되어 있다.

- 보들리언 도서관

  https://www.bodleian.ox.ac.uk/libraries/old-library

  유럽에서 가장 오래된 도서관으로, 도서관 이용 정보와 소장 자료를 검색해 볼 수 있다. 영화 촬영지로 인기가 많은 곳으로, 촬영 일정에 관한 공지도 확인할 수 있다.

• 미국 보스턴 공공도서관

   https://bpl.org

어린이와 10대를 위한 게시판이 따로 있으며 추천 도서 목록을 비롯해 다양한 프로그램 일정을 제공한다. 도움이 되는 유용한 정보와 자료도 제공한다.

• 영국 국립도서관

   https://www.bl.uk

'터닝 더 페이지' 프로젝트와 온라인 갤러리를 통해 영국 국립도서관의 희귀한 소장품을 온라인에 전시하고 있다. 고대의 책 만들기 기술을 자세히 설명해 주는 서비스와 홀로코스터(제2차 세계대전 중의 나치 독일에 의한 유대인 대학살) 생존자들의 육성 고백을 들려주는 서비스도 제공한다.

• 캐나다 도서관 기록관

   https://www.bac-lac.gc.ca/

자료 검색이 가능하고 공공서비스와 프로그램 이용 안내를 받을 수 있다. 선대와 가족에 관한 기록, 전쟁과 참전 용사의 기록도 찾아볼 수 있다.

• 미국 의회 도서관

   https://www.loc.gov/

전쟁에 참가한 경험이 있는 군인 출신 시민들과의 인터뷰 자료, 1500년대에 제작된 지도 등을 온라인으로 열람할 수 있다. 동식물과 기술, 과학에 관한 지식을 제공하고 질문에 답변하는 공간도 마련되어 있다.

• 호주 국립도서관

https://www.nla.gov.au

'국가의 보물'이라는 서비스를 통해 지도, 문서, 회화, 그리고 주요 공예품
등의 화려한 온라인 자료를 활용하여 호주의 역사를 다채롭게 설명해 준다.

• 프랑스 국립도서관

https://www.bnf.fr

'새로운 프랑스의 역사'에서부터 '아랍 세계의 도서제본 기술'에 이르는 광
범위한 주제의 다양한 소장품들을 온라인 가상 전시로 만나볼 수 있다.

• 퀘백 국립도서관

https://www.banq.qc.ca

'디지털 자료' 서비스를 통해 1600년대의 지도들과 함께 퀘백 출신이거나
퀘백에서 활동하고 있는 화가들의 그림을 관람할 수 있다.

• 뉴욕 공공도서관

https://www.nypl.org

10대들을 위한 서비스 '틴 링크(TeenLink)'에 접속하면 추천 도서 목록을 다
운로드 받을 수 있고, 또래 작가들의 작품을 보거나 학교 생활에 도움이 되
는 다양한 조언도 얻을 수 있다.

- 토론토 공공도서관

  https://www.torontopubliclibrary.ca

'램프'에 접속하여 토론 그룹에 참여하거나, 비평가에게 자신이 창작한 시나 소설을 제출할 수도 있다. 10대를 위한 잡 쉐도잉 프로그램을 운영하거나 자원봉사 기회를 제공하는 토론토 지역의 기업 리스트도 제공한다.

- 바티칸 도서관

  https://www.vaticanlibrary.va

온라인으로 제공하는 디지털 자료를 검색해볼 수 있다. 바티칸 도서관에서 출간한 도서 정보와 도서관학 학교에 관한 정보도 찾아볼 수 있다.

도서관 협회

도서관과 사서에 관한 더 많은 정보를 알고 싶다면, 전문가들로 구성된 협회에 문의해 보는 것도 좋은 방법이다. 사서가 되기를 원하는 독자들은 물론, 단순히 정보 서비스의 현황을 알고 싶어 하는 독자들 역시 아래에 소개된 웹사이트를 방문하면 큰 도움을 받을 수 있을 것이다.

우리나라

- 한국도서관협회 http://www.kla.kr
- 한국작은도서관협회 http://www.reading.or.kr
- 공공도서관협의회 https://www.kpla.kr
- 한국전문도서관협의회 http://www.ala.org
- (사)어린이와 작은도서관협회 http://smalllib.org/

세계

- 국제 도서관 협회 연맹(IFLA) http://www.ifla.org/

전자 도서관

집을 나서지 않고도 전 세계의 훌륭한 도서관들을 방문할 수 있다. 어떤 도서관은 가상 공간에만 존재한다. 가상 도서관은 전문 정보를 획기적인 방법으로 제공한다. 여러분이 한번쯤 방문해 볼 만한 몇 군데의 주소를 아래에 소개한다.

우리나라

- 한국디지털종합도서관 http://www.kll.co.kr
- 한국전자도서관 http://www.dlibrary.go.kr
- 국회전자도서관 https://dl.nanet.go.kr
- 서울특별시교육청 전자도서관 https://e-lib.sen.go.kr
- 서울도서관 https://lib.seoul.go.kr
- 사이언스온 https://scienceon.kisti.re.kr
- 경기도사이버도서관 http://www.golibrary.go.kr/
- 부산광역시 전자도서관 https://library.busan.go.kr

세계

- 아프리카 디지털 도서관(African Digital Library)

  https://africadigitallibrary.com/

- 구글북스(Google Books)

  books.google.co.kr
- 아이비블리오(ibiblio)

  http://www.ibiblio.org/
- 인터넷 아카이브(Internet Archive)

  http://www.archive.org
- 인터넷 퍼블릭 라이브러리(Internet Public Library)

  http://www.ipl.org/
- 미국 국립 과학 디지털도서관(National Science Digital Library)

  https://nsdl.oercommons.org/
- 프로젝트 구텐베르크(Project Gutenberg)

  http://www.gutenberg.org/

찾아보기

지혜의 보물 창고,
도서관의 역사

두루마리부터 가상현실까지 도서관 이야기

초판 1쇄 발행 2022년 3월 3일

글	모린 사와
그림	빌 슬래빈
옮긴이	빈빈책방 편집부
펴낸이	박유상
펴낸곳	빈빈책방(주)
편집	배혜진 · 정민주
디자인	기민주

등록	제2021-000186호
주소	경기도 고양시 덕양구 중앙로 439 서정프라자 401호
전화	031-8073-9773
팩스	031-8073-9774
이메일	binbinbooks@daum.net
페이스북	/binbinbooks
네이버 블로그	/binbinbooks
인스타그램	@binbinbooks

ISBN 979-11-90105-42-2 43900